JN330328

癒《いや》しと鎮《しず》めと日本の宗教

保坂俊司 著

北樹出版

序文

死は誰にでもいずれやってきます。人間にとって逃れられない恐怖であり、現実です。死に対するどうしようもない不安観や絶望を、人類は宗教によって緩和し、さらには乗り越えてきたと筆者は考えています。古来宗教は死のさらに先の世界観を提示することで、人類の心の危機、つまり死の到来とその後の存在に対する恐れに、癒しと希望を与えてきました。その意味で宗教は人類にとって極めて重要な存在でした。

ところが今の日本社会に、死に直面し死を自然の摂理と受け止める考えや教え、さらには覚悟、つまり死を受容するための準備、さらには死を超えるための思想や文化――これを本書では宗教の大切な役割と考えますが――この宗教が現代日本で十分機能しているでしょうか?

日本は物質的な富に関しては、世界屈指となり「メタボリック」などということが国民的な関心を呼ぶ時代です。平和で衣食住には不自由しないという点では、我々日本人はまさに理想の社会を形成した、ということが言えましょう。

しかし、その一方で日本社会は混迷の度合いを深めています。親が子を、子が親を殺すような事件は、連日のように起きていますし、見ず知らずの人に些細な事で暴力を振るう、あるいは殺傷する事件は枚挙にいとまがありません。さらには、戦争でもないのに、年間三万人以上もの人が自らの命を断つ社会、さらには誰にも看取られず孤独に死を迎える人々の数は急激に増えています。

筆者は、この原因の一つに、明治以来のそして特に第二次世界大戦の敗戦以降、日本社会が物質至上主義社会の建設にひた走ってきた結果、倫理や道徳、そしてそれ以上に死に備える文化、つまり宗教の領域に正面から向き合うことを疎かにしてきたことがあると考えています。そのため、生のみが重視され、死という現実はタブー化され、これを忌避し、無い事にして、死の現実から目をそらせてきたのです。その結果が現在の人心の混乱、あるいは荒廃を産み出している、と筆者は考えています。

現在の日本社会において「死」や「来世」、さらには「宗教」のことを語ることはタブーであるかのごとくです。多くの日本人は若さと健康を至上の価値として、人生を謳歌する事を目指して日々スポーツジムで汗を流し、高価な健康食品や化粧品に大金を惜しげもなく払う。その一方で、精神レヴェルの修養には、余り関心を払わないのです。ましてや死後の問題にはなおさらです。

しかし、超高齢化社会の到来は目前であり、日本社会発展の原動力であった団塊の世代は老境を迎え、その結果日本社会の人口構成は、まさに「老い」や「死」の問題に否応無く直面する世代が多数派となる異常な形態となりました。にもかかわらず、前述の如く「老い」や「死」と真剣に向き合う準備が整っているか、といえば前述の如く甚だ心もとない状況です。

というのも近代以降の日本社会は、それまでの宗教伝統の中心であった仏教を放擲し、近代的な神道を中心に物質的な発展（富国強兵）を至上とする近代化に邁進してきました。また、第二次世界大戦の敗戦以降の日本は、経済的な発展を至上価値として突き進んできました。その成功体験が余りに強烈であった事も結果として災いし、物質的な豊かさが幸福を生むとばかりにそれに邁進し、心の豊かさの存在を軽視してきたのです。

しかし、経済的な発展と引き換えに失った価値も決して少なくはありません。その最大のものが宗教の領域に関するものでした。特に、魂の「癒し」や「救い」といった心の領域の問題は殆ど等閑にされてきました。その結果と言っても過言ではないでしょうが、一見平和な日本社会は、戦争のような特定の敵対者に対する憎悪や憎しみではなく、孤独と絶望、あるいは漠然とした他者への自暴自棄的な敵意や憎悪に溢れています。

本書は、このような日本社会の精神的な歪みの矯正に多少とも資することを目指したものです。つまり現在の日本人が忘れかけている宗教の領域の問題、特に心の救い、それは即ち死後をどう考えるか、という問題に最終的に直結しますが、この問題を人類の発達史をなぞる形でその発生から鳥瞰し、さらに日本社会において死に伴う不安がどのように乗り越えられてきたかを仏教の視点から考察しました。確かに、このような大きな問題を扱うには、筆者の能力は乏しく、本書の分量は微々たるものであります。しかし、本書を通じて日本人がどのように死の不安に向き合って来たか、そこに仏教の癒しと鎮魂がどのように関わってきたかの一端を明らかにできたと考えています。本書の存在が、日本社会が心の豊かさを取り戻す上で少しでも役立つ事を期待しています。

目次

4 文明期の宗教

◆第二部　日本仏教の「救い」と「鎮め」◆

9　逆修戒名と葬送儀礼　164

第一部

日本人の宗教の原型

日本的宗教の原風景

現在の日本社会では、表立って「宗教」のことを語ることも、また考えることも一種のタブーのようになっています。私が講師を務める早稲田大学でのことです。ある生徒が、「田舎の両親に宗教学を学んでいるんだよ。と言ったら『お前そんな危ない勉強をして大丈夫かい？』と言われました。先生宗教学って危ない学問じゃないですよね」と心配そうに聞いてきた事がありました。

確かに、現在宗教関係のニュースといえば、「イスラーム・原理主義」とか「イスラーム・ゲリラ」とかであり、殆ど紛争の直接要因は「宗教」にあり、という印象をもたれても仕方の無い状況です。

しかし、その一方で所謂宗教が人類の生活に、どれ程素晴らしい貢献をしてきたかを意識することは、殆ど日本人には無いのではないでしょうか？　例えば、日本の美術工芸から茶道華道の芸道、さらには勤勉と国際的にも高く評価されている日本人の生活倫理や習慣が、どれ程宗教性に支えられているかを意識することは、一般的な日本人には余り無いのも事実です。

恐らく、日本人が最も宗教性を意識するのは、葬送儀礼に関わる時でしょうが、それでさえ「宗教」性を嫌うようになってきました。特に、仏教的な葬送儀礼への批判は、近年ますます強くなってきています。その時に、問題となるのが「戒名料」とか「お経料」と呼ばれるものです。いわば死者に掛かる税金、「死亡税」のように忌み嫌われているような存在となっている日本独自の葬送儀礼が、この「戒名」や「お経料」と呼ばれるお布施です。

確かに、戒名という事例を取り出して議論すればその賛否は様々に議論できると思います。しかし、実際には所謂戒名は、仏教の救済構造の中の一つの装置、確かにそれは日本仏教を特徴づける極めて象徴的な装置ではありますが、いわば日本の歴史の中で育まれた仏教の一部にしか過ぎません。したがって、戒名のみを云々することは、経済的な側面では意味があるかもしれませんが日本社会において仏教が果たす救済論的な、つまり魂の癒しや救いということを考えた時には、おのずと違った議論が必要となります。

ともあれ、現在の日本人は宗教について総合的に考えるという知的な営みを放棄してしまう傾向があり、そのために宗教やそれに関連する事柄の本質的な部分に議論が及ばない傾向があります。本書はそのような日本人の宗教観の歪みを少しでも正すことを目指しております。

特に、本書では宗教の重要さを理解するために、日本人の宗教観の特徴というか、欠点ともいえるものを先ず指摘し、その後人類史の中で宗教がどのような機能を果たしてきたのかを鳥瞰します。その後に、日本の宗教観、特に、魂の癒しと救いについて、葬送儀礼その中でも戒名の検討を通じて、日本における宗教、特に仏教の果たしてきた救済宗教としての役割を考えます。

もちろん仏教を含めて、宗教は、その役割が複雑多岐にわたるものであるために、その理解はなかなか困難です。しかも、宗教という言葉そのものも多義的で、この言葉を用いる時代や地域、文化伝統などによって時には大きく、また時に微妙に意味内容が変化しており、対象の複雑さに加えて言葉の多義性が、いわゆる宗教の理解を一層混乱させている、という印象があります。

本書は、このような宗教の複雑さ、宗教という言葉の多義性を理解し、日本人の宗教理解に役立つことを目指しています。

そのために本書では、歴史的にも、また空間的にも人類全体を鳥瞰する、という大胆な視点で構成しました。特に、近年の大脳生理学の発展などから、いわゆる宗教は人間独特の脳の構造が、生み出しているのではないか、と考える事ができるようになりました。本書では、養老孟司氏や茂木健一郎氏の脳科学なども参考に宗教の発生を考えました。

さらに、人間精神史からこの過程をたどることも試みました。特に、人類（類人猿から独立した）と呼ばれる我々の祖先の残した様々な遺跡から、再現できる生活の中に、明らかに宗教の体系が存在するということの意味を、大袈裟に言えば人類史の上から、具体的には現生人類数万年の歴史から考えました。

人類は「道具をもつサル」以上に、「宗教をもつサル」（ホモ・レリギオス）という理解も可能です。つまり現生人類数万年の歴史は、宗教の発生、展開の歴史である、という視点です。

さらに、これを細かく分けて狩猟採集時代の宗教、農耕期の宗教、そして文明の宗教という比較文明学と宗教学を合体して解釈してみました。もちろん、これらは断絶するものではなく、いわばロシアのマトリョーシカ人形のように、後者は前者を母体とし、さらにはそれを前提にして存在します。その関係をたとえれば、後者は前者の海に浮かぶ島の様なもの、と言うことができます。（一三八頁参照）

ですから、狩猟採集時代の宗教の典型としての原始的シャーマニズムも原始的アニミズムさらには、素朴な地母神信仰も現在にしっかり生きています。また農耕時代に急激に発展した豊穣神である地母神信仰に至っては、現在でも大きな力をもっています。

そして文明期の宗教では、都市を背景に男性神で、しかも唯一神（原理）の宗教形態が強調され、現在に至っています。しかし、この唯一神（原理）が、先行の宗教とどのような関係にあるかは、仏教のように融和的宗教か、キリスト・イスラーム教のように、排他的原理の一神教であるかで、その形態は大きく変わってきます。

極端なことを言えば、キリスト教の発生以来、それとほぼ同根のイスラーム教を含めて、これらユダヤ教を基とするこれらの著者が言う排他的一神教の宗教の発展は、狩猟採集、農耕時代の宗教との闘いを通じてこれらを支配、消滅させる歴史でもありました。

一方キリスト教やイスラーム教と同じ普遍宗教と分類される仏教は、抽象的な一元的原理（法）を中心に教えを説きますが、既存の宗教との対立は殆ど無く、平和的に伝播し、それらと融和し、共存して豊かな宗教形態や文化をそれぞれの地域に生み出しました。つまり、普遍宗教と呼ばれる三つの宗教は、同じく都市型の宗教、倫理を救いの基本とする宗教ですが、こと他者との関係においては、正反対の宗教である、ということです。

本書では、特にこのキリスト教・イスラーム教と仏教との違いについても意識しつつ著しました。それによって読者の皆さんにとって、現在の対立根がどこにあるのか、そして仏教的なあるいは、さらに地母神信仰、アニミズムなどの伝統的な宗教形態価値の再考の機会となれば幸いです。

なぜなら、このような多様な宗教形態の共存こそ、日本の伝統的な思考であり、近代化以降の日本人が価値無きものとして捨てて顧みることの少なかった価値感だからです。著者は、この日本の心の歩みを少しでも紹介しようと考えています。

1 日本人の宗教嫌いはこうして捏造された

1 一神教をモデルとした宗教の原型

日本人の宗教音痴、宗教理解が苦手という背景には、後に詳しく検討する近代日本における特殊な宗教政策というような歴史的な背景も小さくないのですが、その他に伝統的な日本人独特の神の概念にも原因があると考えられます。特に後述するような多神教的な日本人の独特の神概念は、それが現在世界の最大勢力、宗教理解のスタンダードともなっているユダヤ教系の宗教、これを古代ユダヤ教徒が属した人種セム族にちなんでセム族の宗教と呼ぶことがありますが、キリスト教・イスラーム教の神と大きく異なっている、ということも、日本人が自らを宗教音痴、あるいは宗教嫌い、さらには「無宗教」と自己認識する原因の一つがあると思われます。

つまり、現代一般に理解されている宗教の基本モデルが、ユダヤ・キリスト・イスラームの宗教（これをセム族の宗教と呼びます）を基本としているので、日本人には、その宗教の前提となっているセム族型の宗教と、自分が漠然と従っている多神教的なるもの、つまり何でも神と祭る式の宗教的なるものとは違うという意味で、先のようなセム的な宗教観との違和感を無意識に感じているのではないでしょうか。この点に関しては、四六頁以降で詳説します。

何しろ、後に検討しますが、ユダヤ・キリスト・イスラームの宗教における神は唯一であり、絶対的で、しかも世界の創造主なのに対して、日本のそれは八百万（沢山という程度の意味であり、八、〇〇〇、〇〇〇の意味ではない）にもかかわらず、上下左右の関係も不明瞭で、世界創造というような大きな出来事には、全く思いも及ばない身近でこぢんまりとした神々です。

それに加えて、日本の神にはセム族的な神がもつ性質、例えば世界創造や裁き、嫉む、監視するというような性質をもつ神のイメージは、殆ど無いのです。それよりも、日本の神々は、セム族の宗教のそれとは、対極にあると言ってもいいわけです。ですから、日本人に「宗教を信じますか」と聞いてもその裏の創造神で、一神教で、裁きの神のような厳しい宗教を信じますか、と言われているように理解し、「いいえ」と答えることになるのではないか、と考えられます。

このあたりの背景を先ず明らかにしておかないと、世界の宗教を理解することに、大きな障害となりますので、先ず自己分析から入りましょう。ただし、日本人の所謂宗教嫌いの直接的な原因は、此処にはないのです。

2　日本人は無宗教か？

先ず日本人の神様観から検討しましょう。

「宗教」を特別意識しない、信じないという人でも、平均的な日本人なら、神様や仏様、そして霊的な存在を否定する人はいないでしょう。初詣でやお墓参りに行ったことがない、という日本人は恐らくいないでしょうし、家に神棚や仏壇が無いという家は、核家族化した現在では珍しくないようですが、それでも子供のランドセルや車にお守りを付けたりすることはごく普通に行っているはずです。

宗務課の発表資料では、日本人の宗教人口の総計は二億人前後となっています。これは、宗教法人法に基づき文部科学省などに提出された、各教団の信者数を集計した数字です。

つまり、面と向かって「貴方は宗教を信じますか」、言い換えれば「特定の神仏への信仰をもっていますか」と言われれば、「いいえ」と答える平均的な日本人は、その実一人でいくつもの神や仏を信じているということになります。

しかし、平均的な人々の神仏観は、伊勢神宮に参拝した西行が詠じた「何事の　おはしますをばしらねども　かたじけなさに　涙こぼるる」（『新編国歌大観』第三巻の「西行法師家集」より）という歌に象徴されるような漠然とした神や仏観念であり、セム族のヤーヴェ神やアッラーのような絶対的で、超越的、そして信者に絶対服従を要求し、厳しい戒律を課す唯一の神や仏ではありません。

ですから、日本人が自らを「無宗教」と表現しても、それはセム型宗教のような神への信仰という意味での宗教を信じていない、そのような神への信仰をもっていないということであり、神仏の存在を否定するということではありません。その意味で「無神論」ではないのです。いわば、セム族的唯一の神の存在を信じられないという程度なのです。

ところが、西洋人のようにセム的一神教を宗教だと考えている人は、「無神論」あるいは「無宗教」と言われると、即「唯物論者」か「虚無的な無神論者」をイメージして、危険思想家か、共産主義者か、と警戒します。かつてのアメリカでは、入国審査の時に、入国者の宗教を尋ねる欄があり、ここにうっかり「無宗教」と書いたために、無神論の共産主義者と誤解され厳しく尋問された日本人が、少なくなかったといいます。事実かどうかは不明ですが、十分あり得る話です。

いずれにしても一般的に、日本では「無宗教」はモダンで知的なスタイル、近代人のあるべき姿と考える傾向があります。これは実は大きな誤解であることは拙著『国家と宗教』（光文社）で検討したとおりです。

しかし、この日本人の「近代人は脱宗教的であるべき」というような誤解から生まれた「日本人無宗教」論は、欧米人に誤解を与える認識です。事実、外国人が成田空港へ到着するや否や成田山新勝寺の巨大な仏塔が、お出迎えしますし、道すがらには神社お寺が沢山あるのです。日本人は「私は無宗教だ」と言っているのに、なぜこのように沢山の宗教施設があるのか？　とますます不思議がるぞうです。

このように、日本人の宗教観と外国、特にセム族の宗教を奉ずる人々の宗教観には、大きな相違があるのですが、一般にはこの点が混同されてしまい、混乱を生じているわけです。ですから、日本人は決して「無宗教」でも「宗教嫌い」でもなく、その意味は、セム的な宗教とは違うというだけのことなのです。むしろ、日本人ほど多様な神・仏を日常世界において信奉し、それにまつわる宗教儀礼を大切にしている国民は、珍しい位です。つまり、日本人は十分敬虔な宗教的民族である、ということです。その点を誤解しないようにすることが、大切です。少なくとも、これから順次説明致しますが、現代世界の主流となっているセム的な宗教が、人類の普遍的な宗教のあり方というわけではない、という点は理解しておいて下さい。

以上のように、宗教観の齟齬や誤解は、基本的な部分、根本的な部分にも見出せますので、特に注意が必要です。ですから、宗教とか神とかと十把一絡げに考えるのではなく、キチンと基礎から考えてゆく必要があるのです。

そうはいっても、抽象的な議論では余りぴんと来ないでしょうから、次に日本人の宗教観といいますか、宗教に関する認識がどれほど歪んでいるか理解するために、象徴的な例を紹介しましょう。

3　抹殺された宮澤賢治の心

小学校の教科書などでおなじみの宮澤賢治の「雨ニモマケズ」の詩や作品も実は、この近代日本が作り上げた宗教観の被害者という事が言えます。もちろん、それは賢治の責任ではありません。寧ろ、それを受けとめる我々の宗教観に問題があるということになるでしょう。

さて、賢治の「雨ニモマケズ」として親しまれている詩は、彼の没後、賢治の遺品の中から見つかったといいます。賢治が肌身離さず携帯していた手帳に書かれていたものが、後に発見され「雨ニモマケズ」の詩として発表されたのだそうです。しかし、この詩には、タイトルがなかったので、一般にはその冒頭を以ってタイトルに代えています。

まず、この詩の書き出しは片仮名と漢字の交じった「雨ニモマケズ」となっています。まずその詩の全体像をここに示しますと以下のようになります。

雨ニモマケズ　風ニモマケズ　雪ニモ　夏ノ暑サニモマケヌ丈夫ナカラダヲモチ
慾ハナク　決シテ瞋ラズ　イツモシズカニワラッテイル　一日ニ玄米四合ト
味噌ト少シノ野菜ヲタベ　アラユルコトヲ　ジブンヲカンジョウニ入レズ
ヨクミキキシワカリ　ソシテワスレズ　野原ノ松ノ林ノ陰ノ小サナ萱ブキ小屋ニヰテ
東ニ病気ノコドモアレバ　行ッテ看病シテヤリ

西ニツカレタ母アレバ　行ッテソノ稲ノ束ヲ負ヒ
南ニ死ニソウナヒトアレバ　行ッテコハガラナクテモイヽトイヒ
北ニケンカヤソショウガアレバ　ツマラナイカラヤメロトイヒ
ヒデリノトキハナミダヲナガシ　サムサノナツハオロオロアルキ
ミンナニデクノボートヨバレ
ホメラレモセズ　クニモサレズ　サウイフモノニ　ワタシハナリタイ

という詩です。

この詩は、詩そのもののもつ韻律の心地よさ、その言葉の分かり易さから子供にも親しまれる詩ですが、その意味はまさに仏教の菩薩行を表しているということができます。その理由は、まず、中ほどの東西南北に振り分けられた人生の苦難のたとえが、釈尊の「四門出遊」の故事を踏まえていると思われることです。つまり、東西南北は、仏教の開祖ゴータマ・ブッダの出家の由来の説明で出家前のシッダルタ王子が城の東の門から出ようとすると老人に会い、南の門から出ようとすると病人に会い、西の門では死者の葬列に遭遇し人生を儚み憂えていると、北門で出家者に会い、そのすがすがしい姿に感動して出家の決意をする、という故事を彷彿とさせます。多少方角的にずれていますが、賢治が釈尊の出家の精神を意識していることは明白です。

また、この詩全体を貫く他者への思いやり（慈悲）の心、それは「アラユルコトヲ　ジブンヲカンジョウニ入レズ」の件には、仏教の菩薩の精神、特に『法華経』の行不軽菩薩に代表される菩薩の行動規範が、大和言葉で表現されている、と言っていいでしょう。

そのように読むと、玄米食、草の庵のような粗末な衣食住で満足し、他者の苦しみを我が物と思う慈悲の心が、この詩からは横溢しています。しかも、「ヒデリノトキハナミダヲナガシ　サムサノナツハオロオロアルキ　ミンナニデクノボートヨバレ　ホメラレモセズ　クニモサレズ　サウイフモノニ　ワタシハナリタイ」というような自らの行為の見返りを求めない、つまり他者の幸せを願い、努力しつつも、いかなる見返りも求めないという仏教精神にいう「三輪清浄」の思想が基調にあることが分かります。

以上のことからも、私はこの「雨ニモマケズ」の詩は、単なる文学作品ではなく、賢治の信仰告白の書、というより仏教的に言えば「請願の書」、つまり、大乗仏教徒としての賢治の行動理念を表した請願文であった、と考えています。というのも、この文の最後部分にその解答があるのです。

ところでこの詩の最後の部分は「サウイフモノニ　ワタシハナリタイ」という言葉で終わっていると思っている方が多いのではないでしょうか。しかし、実は、その続きがあるのです。しかも賢治にとっては、こちらの方が遥かに大切な部分であったはずです。しかし、それの存在については、一部の専門家やファンでもない限りご存じないか、あるいは知っていてもその意味を余り重視されないかもしれません。

その続きとはこういう言葉です。写真で見ていただく方がはっきりするのですが、以下の様な文字が、向かって右側の頁に書かれてます。

南無無辺行菩薩
南無上行菩薩
南無多宝如来
南無妙法蓮華教
南無釈迦牟尼仏
南無浄行菩薩
南無安立菩薩

これは、日蓮宗でいう「日蓮の法華曼荼羅」に当たります。

つまり、これは賢治が、日蓮宗系の新興教団「国忠会」のメンバーであった事と関係があるかもしれないし、少なくとも賢治が『法華経』の行者を自任し、法華経の説く利他行の精神、特にその主役ともいえる常行菩薩のように、常に他者の幸福のために自らを擲って奉仕する、しかも自分には一切の見返りを要求しない、という仏教の特に法華経の菩薩の精神が表現されているのです。

ですから、賢治にとって「雨ニモマケズ」の文は、単なる詩ではなくいわば仏教における請願、仏に対して行った誓い、つまり仏教徒として生きるための決意が書かれているのです。

ですから、これを単なる文学作品として読むということは、賢治のこの一文の本当の意味を理解していないことになります。もちろん、それも間違いではないでしょうが。

つまり、賢治はその手帳に南無妙法蓮華経と書くことで手帳を、念持仏を持ち運ぶ厨子に見立て、「雨ニモマケズ」は、その請願文である、という理解ができるわけです。

そのように考えると賢治の作品には仏教精神や仏教思想が見事に表されていることに気づかされます。ところが、この作品から、仏教精神を捨象してしまっているのが、現在の賢治解釈である、というわけです。その背景には、仏教色を排除しようとする無意識の嫌仏思潮が働いていると考えていいでしょう。

また、「注文の多いレストラン」の話などは、まさに仏教における空の論理をものの見事に表す筋書きとなっています。つまり、「レストラン」と言えば、我々は動物の肉を料理してもらい美味しくいただける所、という固定観念があります。

しかし、この物語では、そのような先入観は決して不動のものではない、つまり「空」であるということを見事に

賢治の言葉を具体化すれば（中村行明師宅仏壇）

表現しています。つまり、レストランで食べ物にありつこうとした若い紳士が、実は食べる側ではなく、食べられる側になるという話です。これなども仏教の教えの現在版、大和言葉による仏教の「お経」ということができます。その他、彼の作品は、仏教の深い理解なしには、その本質を理解した事にならない、と筆者は考えています（但し今回は簡単な指摘に止めます）。

このように、現在の日本人は、つい最近の人々の作品さえ、その深い宗教性を無意識に排除して、分かったつもりになっているのではないでしょうか。それほどに、現在日本人の宗教嫌い、宗教音痴は根深いのです。

4　「宗教は女子・小人のすがるもの」か？

しかし、このような解釈は余り為されてこなかったのではないでしょうか？　それは、公立学校では特定の宗教に偏った教育をしてはならない、という法律があるから、とも考えられますが、事情はさらに深いと筆者は考えています。それは、日本人が近代以降、「宗教」を否定的、少なくともネガティブに捉えることが、近代的あるいは一人前の日本人と考えるように、教育されてきたからだ、と筆者は考えます。その理由は拙著『国家と宗教』でも少し触れましたが、以下のように明治維新政府が、近代化のために神道を実質的な国教とし、さらに西欧諸国からの信教の自由の保障を求められたために、以下のようなイデオロギー的な「宗教」観を国民に教え込んだからです。それは「神道（この場合近代的神道）は宗教ではなく祭祀あるいは道徳であり、平均的な知性と自覚のある日本人は、神道により生活する。しかし、それができないような未熟な人々は、所謂宗教に依りすがって生きる半人前である」という認識です。この点の細かい検証は省略いたしますが、明治の中頃から一般化した「宗教」という言葉には、大きく三つの意味が含まれている多義語である、という事です。

というのも「宗教」という言葉は、もともと「言葉にならない真理である宗を、言葉に表し、教えとする（教）」との合成語で、中国人が仏典を翻訳する時に作り出したいわば翻訳語であると、碩学中村元先生は書かれています。それが、明治初年の頃に、西洋の religion の翻訳語として、かつては「宗旨」などと訳された religion を「宗教」と翻訳したことで、「宗教」は、二つの異なった意味をもつ言葉になりました。

さらに、明治の中頃から、神道以外の宗教、例えば仏教、キリスト教、イスラーム教などを宗教と呼ぶとして、その理由を前述のように定めました。詳しくは拙著『仏教とヨーガ』（東京書籍）参照。

この時以来、ほぼ六〇年間にわたり、このイデオロギー的な「宗教」観を中心に、日本人の宗教観は形成されてきました。しかも、この独特の「宗教観」は、第二次大戦終結後に

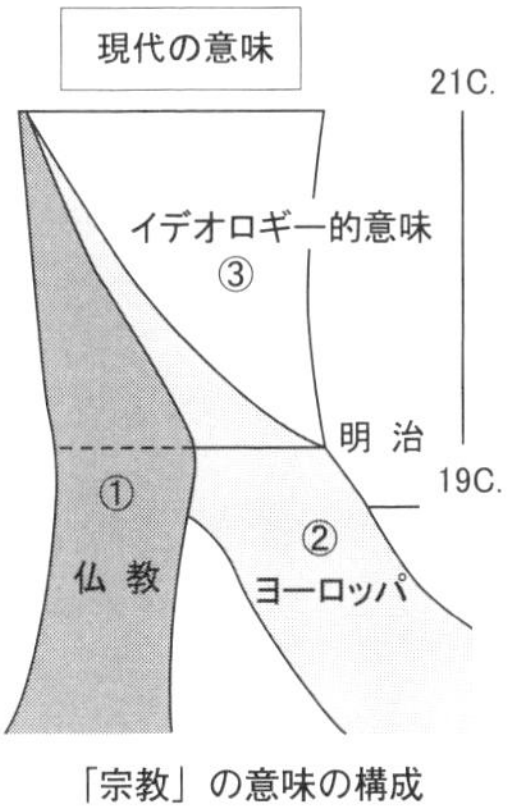

「宗教」の意味の構成

も常識としてのこり、むしろ無意識下のレヴェルに沈潜して生き続けています。ですから「宗教」を信じる人は、「劣った人間である」というような宗教認識が、無意識に共有されるのです。そのために「あなたは宗教を信じますか?」と聞かれると「あなたは精神的、肉体的、社会的に劣った人間、半人前ですか」と聞かれているように解釈し「いいえ、私は無宗教です」とつい答えてしまうのです。

もちろん、このような宗教観は、日本文化の特徴ですから、悪いことである、と一概には言えませんが、今日のように宗教が世界を動かす動力因、つまり、世界紛争の多くが宗教と結びつけて語られる、あるいは引き起こされる時代になると、宗教は「劣った人間のやること」というような認識では、はなはだ不都合であるという事になりますし、宗教を無視して生活もできなくなります。

本書が、「宗教嫌い」と呼ぶ人の多くは、この明治以来の「『宗教』観」に、無意識に呪縛されている方々であり、本書はこのような方々の宗教観を少しでも改めていただくか、少なくともその特異性に気がついてもらうことを目指しているというわけです。

以上で近代以降の日本社会で共有された「宗教」観の特異性を明らかにできたと思われますので、次に日本人の宗教、特に神観念について簡単に見てみましょう。

5　神も人の延長である日本の精神

日本人の神（カミ）は、後に紹介する人類の宗教発展の歴史から見ると古代社会の信仰がそのまま現在にまで引き継がれてきたようなところがあります。つまり、現代の宗教学の分類で言えば、自然崇拝、アニミズム、シャーマニズムから地母神信仰などです。これらの宗教に共通することは、人間の存在を超絶する絶対的存在者、簡単に言えば超越的神（カミ）の存在がないということです。というのも、神が世界を創ったというような発想は、広大な世界を一つの抽象的な原理で説明しようとするいわば、抽象的で合理的な世界観が前提に無ければなりません。それには、ある程度の文明の発達、そして複雑な文化を統合する力（軍事力でも文化力でも）が不可欠です。しかし、日本は統一王朝が形成されたのが恐らく紀元後五世紀前後、それでも都市と呼べるようなものは、極端に言えば「奈良の都」の出現まで待たねばならなかったのです。つまり、それほどに日本の現実的な統一は遅れていたのです。これは、日本が文明的に後進国であったということですが、その反面日本全体を一つとして認識しなければならないような、社会的危機に直面しなかったという意味で幸福な環境にあったということでもあるのです。

つまり、異民族の侵入というような厳しい環境に無かったという事です。日本人は自然環境と協調することが最大の課題であり、それが上手く行けば人間の生存に煩わされる事が殆ど無かったという事でしょう。ですから、ことさらに人間を超える力を抽象的に作り出すようなことは必要なかったのでしょう。とすれば、人間に禍福をもたらす神の存在も身近な人間存在との関係で説明する、という段階で十分なわけです。しかも日本の自然は比較的温和で、しかも豊かでもあり、その表現は自然と母性的な言説で表現される事になるのです。つまり、日本の神は母性を強調する神が中心となります。それは古代の地母神信仰の伝統を残すものと言えましょう。

もちろん、そのように考えても不幸はやってきますし、病気や死はさけられません。そのような時に、その原因の説明に神の存在が産み出されるわけです。特に、死への恐怖は如何なる人間にも等しいのですが、その恐怖を日本人は、抽象的な神のような存在によって乗り越える事ができずに、死にまつわる諸現象が伴う恐怖感や違和感、悲しみや恐れなどの感情的な動揺を引き起こす力を擬人化し、これを恐れたと考えられます。ですから、日本人の神は、人間とかけ離れた存在とはならなかったのです。その好例が、第二章のところで詳しく解説しますが、縄文時代の中期千葉市の権現原貝塚遺跡発掘調査の結果です。ここでは、不幸の原因を死者の霊に求め、特殊な葬送儀礼が行われました。というのも、死者には特殊な力があると考えられていたからです。

6　死霊を神と祭った日本人

では、この力のあるものの生成については、どのように考えていたのでしょうか？　先にも触れましたが、日本人は不遇な死に方をした人の霊は、強い力、それも祟りものとして恐れました。いわゆる祟り神信仰、凶癘魂信仰です。日本の神々のかなりの数が祟る神として恐れられたことは、歴史に明らかです。何しろ悲憤を抱く、未練を抱いて亡くなった人の霊は、特に荒御霊・凶癘魂、中国的には「鬼」となり、人間に災いをもたらす、と恐れられていました。

歴史上有名な神の少なからずが、この祟り神として祭られたものです。古くは桓武天皇によって無実の罪を着せられて亡くなった伊予親王（崇道天皇）の神社、そして天神様として親しまれた菅原道真（天神様）、そして日本史の中で唯一人天皇に対抗して新皇と称した平将門（神田明神）などが有名です。

この他にも、祭らなければ祟る、つまり災いをもたらすと考えられている神が殆どです。但し、正しく祭れば、これらの神は恵みをもたらしてくれると考えられている神でもあります。

というのも、人間の力を超越する神というような抽象的な神の存在やその活動空間である世界観を創造できなかった古代の日本人は、自然

朝敵とされた彰義隊の慰霊碑

湯島天神
（最強の祟り神も今は学問の神）

の災害や日常の災難の原因を、他ならぬ超絶的神ではなく死霊に求めたのです。それが凶癘魂、あるいは荒御霊と呼ばれる存在です。ですから古来日本人は、死者の霊、特に非業の死を遂げた人々の霊を篤く弔ってきたのです。その延長に現在問題になっている靖国神社の戦死者供養の問題もあります。

周知のように靖国神社は、仏教を否定して近代的な神道による国家樹立を目指した勢力である、所謂官軍の犠牲者の慰撫鎮魂のために作られた東京招魂社を基にしています。その後、幾多の戦争で亡くなった兵士の慰撫鎮魂儀礼も担当してゆきます。

何しろ第二次世界大戦関連だけでも約二五〇〇万人という途方もない数の人々、それも多くは未婚の若者で、家族や恋人に未練を残しつつ亡くなっていったのですから、日本の伝統的な発想から言えば、祭らなければ祟る、供養しなければ浮かばれない人々です。このような荒御霊を鎮める場として靖国神社は設置され、拡大してゆきました。

その意味で、死者の霊魂の鎮撫のため、国家鎮護のために靖国神社は不可欠という論理です。但し、日本の伝統では、死者の供養は長く仏教が行ってきましたから、死の穢れを嫌う神道的な鎮魂儀礼は、

靖国神社（現代版鎮めの聖地）

文化伝統としては不安定です。

いずれにしても、死者が神となるという身近な例として、靖国神社がある、ということです。但し、この場合の神は、西洋のヤーヴェやゴッド、あるいはイスラームのアッラーが差し示す神とも、また同じ「神」という漢字を用いる中国のそれとも、異なるということをはっきりと知っておくべきです。この辺を無自覚に議論を始めると、その後の会話は全くかみ合わなくなります。

7　スーパースターも神となる「あやかり思想」

もちろん、日本の神は、死霊のみではありません。人並みはずれた力を発揮したものを神として祭るということも簡単にやってきました。ひと頃は、長嶋茂雄選手が野球の神様と言われていました。また横浜ベイスターズの佐々木選手が「大魔神社」に祭られたこともありました。

しかし、その祭り方の典型が二〇〇五年に弱小球団（?:失礼ですが）であったロッテを日本一に導いたボビー・バレンタイン監督を祭るボビー神社の存在です。この神社は、千葉のプレナ幕張に建立されていました（千葉マリンスタジアム入り口に移動したらしい）。赤い鳥居の中で右手の親指を立てたバレンタイン監督の像が社殿の正面に鎮座し、その背後に野球にちなんだ造形をふんだんに盛り込んだ社殿があるという造形になっています。いわば野球神社ということですが、おもしろいのは主神とされるバレンタイン氏の国籍とか信仰等は一切関係なく、その業績、つまり力に着目し、神社としている点です。いわく「この神社にお参りして、ボビーの強運にあやかりましょう」というわけです。

『報知新聞』の記事は、日本人の神観念の特徴の一つを見事に表現しています。二〇〇五年一二月二九日の同紙の記事には、「ボビーにあやかり、二〇〇六年の運気をアップさせませショー！…今期のプレーオフ直前、同神社を設けてポストシーズンの快進撃を生むなど、ご利益には定評がある。…。二〇〇五年を席巻したバレンタイン監督の強運にあやかったロッテの新春イベント。…弱小軍団をアジア王者に導いた勝ち運にあやからない手はない。天性の強運と、カリスマ的人気。…『ファンの方は勿論、受験生にも参拝してもらいたいですね。』…御利益は折り紙つきだ。…引っ張りだこのボビー神社は現在、地元テレビ局の年末特番のために、一時的にレンタルされている。…ボビーの神通力にあやかって、〇六年も〝勝ち組〟になる」とあります（『報知新聞』より）。

この記事で、重要なことは祭られる人、あるいは神の意向は全く関係なく、勝手に祭ってしまう、神社を作ってしまうということです。まさに「祭り上げる」という感覚です。しかも、その祭り上げる資格が、強運、ご利益ということですから、まさに現世利益を期待していることは明らかですし、祭ること、また祭られる対象に対して、余り堅苦しく考えていない、という点も注目されます。

ただし、神として祭られる方は、ミラクルなつまり尋常ではない力をもっていると皆が認める人ではないとダメのようです。だから弱小軍団をアジア一にしたバレンタイン監督は神となり、日本中の優秀な選手を集めた野球のワールド・ベースボール・クラシックを奇跡的に勝ち抜き、優勝した王監督は神になれないのかもしれません。やはり、意外性がないと神になれないのかもしれません。

さらに、この記事で面白いのは、バレンタイン監督の強運にあやかろうとする多くの人に、その御利益を与えようと神さまを貸し出す、つまり神輿のように他所を練り歩かせるという発想です。

何とも日本人の神観念を象徴している現象です。そして、千葉マリーンズでは常設を検討しているそうです。いずれ野球界公認の公共施設となってゆくかもしれません。

ところで、アメリカ人であるバレンタイン氏はクリスチャンでしょうから、このような宗教のあり方は好まないはずです。あるいはプロテスタント派の信徒であれば、偶像崇拝として、激怒するかもしれません。ところが、そんなことはおかまいなしに、「力にあやかれ」・「強運にあやかれ」とばかりに、神社は数万人の初詣で客でにぎわったとか。似たような事例は、前述のヨコハマベイスターズの「大魔神」こと佐々木投手が「大魔神社」、サッカーのワールドカップで活躍した大黒選手がその名が「オオグロ＝大黒（ダイコク）」という有難いこともあり、「大黒神社」に祭られたという事例もあります。

8　多国籍の日本の神々

本居宣長の神の定義をもう一度思い出すと「人の力を超えた、尋常で無い力をもつものを神とする」とすると、日本人が拝んでいるのは、人格ならぬ神格では無くて、その力である、ということが分かります。つまり、神の部分的な能力を分かち与えてもらうように、祈っているというわけです。ですから、相手が何であろうと良いわけです。しかも、時には、恐ろしい祟り神も、その尋常ならざる能力故に、拝まれます。その良い例が祟り神のスター的存在である菅原道真です。彼は有名な祟り神で、時の関白、そして禁裏にまで祟りの落雷を落とし、醍醐天皇はそれが原因の一つで、あえなく崩御されました。

そのような祟り神ですから、その力が一寸だけでも善用されたら大変な力を生み出すはずです。そこで、近頃は学問の神として活躍が期待されているのでしょうか？　もちろん、祟り神がこのように飼いならされるようになったのは、日本中の凶癘魂や荒御霊が、仏教式の葬儀や儒教式の祖先崇拝が定着し、鎮魂されるようになった江戸時代以降であることは、重要なことです。

ともあれ、日本人の神は、その神格にあるのではなく、力にあるということが大切です。ですから日本の神様の素性は、天上から降臨した神あり、死者の祟り神あり、動物の霊あり、仏教の諸仏から、四天王のような神々、さらに金比羅様・弁天様でおなじみのヒンドゥー教の神、寿老人のような中国

宇佐八幡神社（神仏習合の総本家？）

の神、さらには高麗神社や白髭（新羅）神社というような朝鮮系の神まで、その国籍は多様です。その典型が七福神です。

七福神の国籍（？）を考えてみますと、インド人（神）が、毘沙門天・弁財天・大黒天（マハー・カーラ：大黒となります。この黒の音を同じ国にする大国主の神になるという説もあります。そうすると日本人（神）ですが、そのスタイルはやはりインド的です）、中国が寿老人・福禄寿でしょうか。布袋様は中国では弥勒仏と呼ばれています。そうするとインドの仏様ですから、インド人（神）となりますが、唐の時代の僧侶がモデル、という説もあります。そして、唯一日本の神かもしれないのが恵比寿様です。しかし、エビスというのは、夷あるいは戎ですから、異邦人でしかも野蛮人というほどの意味があるので、ちょっと躊躇します。とはいえ、このような構成になっています。

そうすると、日本のオリジナルの神はどこにいったのか？　ということになりますが、そのような偏狭なナショナリズムをもたないところが、日本の神観念、日本人の心のおおらかな点です。要は、役に立てばいいのです。そこに、日本教とも人主教ともいえる日本的な神の観念、宗教観があります。

七　福　神

（大黒天・毘沙門天・福禄寿・恵比寿
寿老人・弁財天・布袋）

9　何でもかんでも神となる

　ですから、日本人が神と考える存在は、祖先から様々な能力をもつ人間、さらには荒御霊のような力のあるものになってゆきます。さらに、それは動物に及び、蛇・鹿・狐……、さらには無生物、つまり自然崇拝にも及びます。もちろん、これらは原始信仰では、自然の神格化、山や川などの自然物の神格化、というよくあるパターンです。例えば、三輪山は、大神神社のご神体ですし、その他にも山や川を御神体とする神社は沢山あります。

　そして、これらの存在には、論理的な脈絡も関係性も殆どありません。唯一あるとすれば、人間の身のまわりにあるもの全てに畏怖し、感謝するという謙虚な心と、同時にそれらから少しでも多くの恵みをいただこうとする考えです。

　しかし、このような自然現象や自然物までを神格化するという伝統を現在も後生大事に守っている宗教は決して多くありません。前述の如くというより未開の民族を例外とすれば、日本の神道とインドのヒンドゥー教くらいなものです。もちろん中国の道教も近いですが。

　そうなのです。ヒンドゥー教と神道（明治の廃仏毀釈までは、仏教と融合していた）は、実にその形態が似ています。それもそのはずです。両者は、排他的一神教の暴力や現在文明の荒波に飲み込まれずに、古代以来数千数万年以来の信仰形態を現在に生きたまま伝えている宗教だからです。

以上のように日本人の神観念、宗教観を考えるということは、実は人類に共通の、そして多くの地域で失ってしまった神の原形と現在に至る変転した神の姿をトータルにたどることになるのです。ですから、一筋縄では行かないのです。

しかし、日本精神が受け継いできたあらゆることに神性（霊性でもいいのですが）を認める、という考え方は、異質なるものの共存と共栄ということを考えると、非常に重要な思想です。いわば、母性的な神性を維持した宗教と言えるからです。これをアニミズム的と表現しても良いでしょう。ただし、アニミズムは近代的な思想の中で、原始的で遅れた信仰形態、という先入観をタイラー（一八三二―一九一七）等の一九世紀を代表する知識人により植え付けられてしまいましたので、誤解を受けやすい言葉です。

しかし、日本宗教・精神史を考える上では重要です。

10　服従かあやかりか――日本的宗教観と正反対の宗教観

ところで、このような多様な神観念は、実はその多様性の故に大きな混乱もまた産み出します。また、余りに漠然とした神と人との無意識的な連続意識は、その対極であるユダヤ・キリスト・イスラームというヘブライの宗教（いわゆるユダヤ教をもととするキリスト教・イスラーム教を指す。セム族の宗教という言い方もある）のような宗教観、神観念を理解するには、かえって障害となります。

つまり、相手が何であろうと崇めて、あやかってその御利益をいただこうというのが、日本人の神観念に対して、唯一の神で、気難しいヘブライの神を崇拝する人々は、神ならぬ神の使いの預言者を絵に描いただけで、神を愚弄したとして世界中で暴動になったイスラームの神観念に象徴されるような、厳しい神と人間の断絶関係を基本としています。ですから日本人には彼らを理解することは、難しいことになります。

何でもおおらかに許す日本的神観念から言えば、理解できないことですが、しかし、現在の国際社会では、このヘブライの神が、世界中で勢力を握っています。ユダヤ教徒は少数ですが、金融や文化で、大きな力ももちますし、キリスト教は人類の全人口の約三五パーセント、イスラームは二〇パーセントほどになります。そして、その比率は爆発的に増えています。

ですから、大げさに言えばキリスト教やイスラーム教を知らずしては、日本人は二一世紀の国際社会を無事に生き抜くことは難しい、とまで言えるのです。いずれにしても、宗教に関する基本的な知識は、不可欠です。特に、日本人は自分の精神文化、特に宗教に対して殆ど関心をもちませんので、一層世界の宗教との違いとか、理解するのが難しいことになっています。

本書は、そのような宗教に対して、余り知識は無いけれど、関心はあるという人々のための宗教の入門書です。しかし、宗教に関する事項を羅列するような辞典的な入門書ではなく、「宗教をもつ猿…ホモ・レリギオス」という視点から、つまり「現世人類の能力としての宗教」という視点で宗教を論じてゆきたいと思います。

宗教の起源について宗教学では様々な議論がありますが、最も人間の心の奥深くにその起源があると主張するルドルフ・オットーのヌミノーゼ説に、筆者は注目しています。というのもオットーに依れば宗教の根元は聖（ヌミノーゼ）であり、それは日常から隔離された非日常、つまり非合理・不条理な感情の世界、それは宗教経験という形でのみ感得される領域のもので、理性的な概念的な定義や表現ができない、つまり言語化という客観的な処理ができない領域からわき出すもの（これをヌミノーゼという造語で表現したのですが）と考えました。

そして、このヌミノーゼという言葉で指し示されるものは「畏れ」や「全身がわななくような感情」であったりと、言葉にならないある種の心の動きを言います。確かに、私たちも日常的に、「言葉にできない悲しみ」とか「言葉にできない。あるいは表現できない……」というような表現を用いますが、これなどはまさに日本人の宗教観に通じるものがあります。つまり西行の「何事の　おはしますをばしらねども　かたじけなさに　涙こぼるる」という彼の宗教性に一脈通じるところがあります。

尤も、東洋の宗教では当たり前の「言葉にならない領域に宗教の根元を求める」という発想は、「はじめに言葉（ロゴス）ありき」という大原則をもつユダヤ・キリスト・イスラームの宗教および、その文明圏では、受け入れられるのにかなりの抵抗があったようです。

2 宗教理解の基本概念の考察

1 一神教の多義性とは？

一神教と言えば、唯一の神ということで、自明のように思われるかも知れませんが、実はそう簡単なことではありません。そこには、神そのものの形態に関する様々な問題が関わってくるからです。つまり神の形態を分類する場合まずその数による分類が問題となるでしょう。具体的には一神教か多神教かという問題です。そこで、まず一神教について考えましょう。

いわゆる一神教という分類は、辞書的には「唯一の神を崇拝する宗教」ですが、これは、説明としては不十分です。というのも、一神教には、大きく分けて二つの分類がある、と考えられるからです。その二つとは、一神教の「一」に対する基本的な理解の差にあります。

つまり、一を数詞と捉えるか、いわゆる「集合名詞」と捉えるかということです。具体的には、一個、二個と数える場合に用いる数詞の意味での「一」か、「一切合財」などと日本語でも言うように、一つの纏まりを全体として「一」と捉える考え方です。英語では all を単数形で受ける用法がありますが、その発想です。いわば、集合体全体を一つの単数として見るという発想です。

この発想を用いますと、現代一般的に一神教と言われる代表的宗教であるユダヤ・キリスト・イスラームは、一神教に変わりはないのですが、その他に、一般には多神教の典型と考えられているヒンドゥー教や仏教なども一神教ということが可能です。

このように申しますと、訝しく思う方も少なくないでしょうが、その理由はおいおい説明いたしますが、現在常識となっている「神」観念の、「一神」とか「多神」とかいう言葉の概念は、日本では主に明治以降普及したもので、キリスト教文化圏的な発想によります。

また日本の場合ですと、唯一神を標榜するキリスト教が、近代以降本格的に入ってきて、彼らの発想から中途半端に、仏教や神道を多神教と判断し、これをキリスト教の教理から、多神教、つまりキリスト教では「神に仇するもの」あるいは「神の命令に従わないもの」、つまり「罰当たりな信仰」という意味が背後に隠れているのですが、この宗教形態を布教の手段として非難したことが、多神教へのイメージを悪化させたことは、確かでしょう。

もちろん、キリスト教なりの神学では難しいことを言いますが、単純化すれば仏教やヒンドゥー教を多神教と言っているキリスト教が多神教となるのです。

2　キリスト教も多神教？

現在のキリスト教の根本的な思想であるキリスト教の三位一体の考え方などは、実は彼らのいう唯一神という発想からいうと、論理的に矛盾です。つまり、唯一絶対なる神が、なぜ三位格に分かれなければならないのか？　つまり、なぜイエスというキリスト（救世主にして、神の子という位置づけ）を必要としたのか？　しかも、多数の精霊まで認めるわけです。

これでは、一ではなく複数、つまり多神教です。もちろん、これは筆者の意見ではありません。これは、キリスト教の弟分であり、キリスト教以上に、唯一神を標榜したイスラーム教からの疑問です。実は、キリスト教の特徴は、キリスト教徒の言説よりも、同じ土壌に立ちながら、よりセム族の宗教的に純粋な、イスラーム教の立場から見た時、一層その特徴が、明らかになります。特に、彼らのセム的な要素以外の要素が、あたかも合わせ鏡のようになって鮮明となるのです。

つまり、『コーラン』には、「『アッラーは御子をもち賜う』などというものがある。『ああ何というもったいないことだ。』」（『コーラン』二章―一一〇）、あるいは「救世主（メシア）イーサー〈＝キリスト〉、マルヤム〈＝マリヤ〉の息子はただのアッラーの使徒であるにすぎぬ。また（アッラーが）マルヤムに託された御言葉（ロゴスの直訳）であり、（アッラー）から発した霊力にすぎぬ（神でもないし、「神の一人子」でもない）。……決して〈神が〉『三』〈に分かれる。つまり三位一体説〉などと言うてはならぬぞ（三位一体の否定）……アッラーはただ一人の神にましますぞ。ああ勿体ない、神に息子があるとは何事ぞ。……保護者はアッラーお独りで沢山ではないか」（『コーラン』四—一六九）。

この『コーラン』の言葉は、セム的唯一神教を厳密に解釈したムハンマドからの疑問の提示です。これに対して、有効な議論がなされているのかどうか不明ですが、少なくとも神の唯一性という時に、数詞的な「一」とすれば、三位一体の矛盾は解消できないでしょう。したがって「不条理の故に、我信ず」としかならないわけです。

3　唯一神、実は排他的一神

では、キリスト教の唯一神という発想の背後にある、唯一神の神はどのような前提になっているのか、ということですが、それは『聖書』のモーセの「十戒」などに典型的に現れます。つまり

カトリック系の訳

一　神の他に、なにものをも神としてはならない。

二　神の名をみだりに唱えてはならない。

プロテスタント系の訳

一　ヤハウェが唯一の神であること

二　偶像を作ってはならないこと（偶像崇拝の禁止）

（ウィキペディア（Wikipedia）より）

以上は、カトリック、プロテスタントそれぞれの訳ですが、これらの背景には、ヤハウェ以外は神を求めない、あるいはこれを唯一とする、という前提があります。これを文字道理、神は世界に唯一と考えることもできますが、「沢山ある神の中から、唯一の神として、ヤハウェを選べ」という意味にも取れます。つまり、この背景には、多神が想定されおり、その中で、「唯一の神を拝め」、というわけです。これはまさに、ユダヤ教やキリスト教、あるいはイスラーム教出現時の歴史的背景と一致します。ですから、この場合の唯一神という言い回しは、その実は、自らの宗教の神のみを、唯一絶対とする宗教であり、他の神々の存在を認めない、「排他的な一神教」という分類が成立します。

つまり、「神の他に、なにものをも神としてはならない」というモーセの十戒に象徴されるように、自分以外の神々の存在を前提として、その上で唯自分のみを拝め、という「選択的唯一性」、「排他的唯一性」の神である、ということです。

つまりセム的な唯一性とは、他の神々の存在、つまり多神教の存在を前提とし、その中の一つの神のみを選び、それを我が神として絶対視するという神のあり方です。ですから、この神の形は、沢山の神を前提としてその中から一つの神のみを認めるという一神教です。つまり、「数詞」的な一の神ということになります。そう考えますと、一神教の典型とされるイスラーム教さえ多神的な宗教ということが言えます。事実イスラーム教では、日本人の感覚では神ともいえる天使などは無数に存在するとして、むしろ日本の神道以上の数の神的な存在を認めます。

4　排他的一神教の特徴

私は、これを「排他的一神教」と呼んで、後に検討する「真性一神教」あるいは「絶対的一神教」と区別すべきだと考えています。彼らの、つまりセム的神観念の特徴的な思考法は、筆者自身がパキスタンなどのイスラーム圏で体験したことを紹介すると分かっていただけると思います。これはあくまでも一つの例ですが、非常に印象的でしたので紹介します。

それはパキスタンの奥地のギルギットでの体験です。私は当時学生で、ある国際会議のオブザーバーとして、このヒマラヤ山脈の山奥のムスリムの町に一週間ほど滞在しました。その時に、現地の人と会話する機会が多くあり、様々な人と話しました。ある時、道で出会った人に声を掛けられました。そして､彼はいきなり「貴方はイスラーム教徒か」と尋ねてきました。私は､「いいえ」と答えました。すると彼は「なぜイスラーム教徒ではないのか」と切り返してきました。

このような時ヒンドゥー教徒であれば、自らの質問に「いいえ」と答えられれば、その他の選択肢として「では、仏教徒か？　あるいはキリスト教徒か？」というような、他の質問がなされるのが常なのですが、イスラーム純粋主義のパキスタンの山奥で、イスラーム教の純粋培養的な思考の持ち主には、イスラーム教以外の宗教を認める、という発想は無かったのでしょう。

この辺が、極めて純粋なセム的宗教の発想法を示しています。もちろん、彼らは他の宗教の存在を決して知らないわけではないのです。というのも、ギルギトには、町の殆どの地域から拝むことのできる大きな磨崖仏があり、人々はブッダの存在を知っているからです。それにもかかわらず、イスラーム教の存在のみを前提とする発想は、セム的一神教の特徴を示しています。もちろん、筆者をこの人が、からかったのではないことは、筆者のイスラーム教研究から、確信をもって断言できます。というのも、セム族の宗教の天啓書である『コーラン』には「もしアッラーと並べて他の神々を拝むようなことをしたら、汝の仕事も無に帰して、もう絶対に浮かばれないぞ」（『コーラン』三九―六五）と明記されているからです。ここにも多数の神の存在を前提として、唯一の神を選べという命令が明記されています。そして、そのことは次の段階として、自ら選んだ唯一の神以外の神は、その存在を認めないという発想を生み、所謂排他的な一神教とその思考が生まれるのだと思います。

中国・西安のイスラーム教寺院

やや話が、それてしまいましたが、以上のような発想がイスラーム教のみならず、同じセム的宗教であるキリスト教にも存在する、ということを是非認識しておいていただきたいのです。そして、その上で一神教には二つのパターンがある、ということを前提に、一神教の議論をすべきだと考えます。

5　近代的宗教観もキリスト教モデルである

そして、現在の宗教観の常識を形成している近代的な、つまり西洋的な宗教観、それは、主に一九―二〇世紀にヨーロッパ人の発想で形成されたものですが、この近代的な宗教観による宗教の分類は、当然キリスト教的、つまり排他的一神教が、無意識的に前提となっているということに気づいていただく必要があります。ですから現在常識としてイメージされている宗教観の基本には、無意識レヴェルでキリスト教が、モデルあるいは基準となっており、世界各地の宗教が分類されている、というわけです。幸か不幸か、セム的一神教の宗教人口は、現在六〇億人の人類の半数以上であるので、この分離は過半数の人々の賛同を受けている、という点で普遍性をもっている、とも言えます。

しかし、このあり方は大きな問題を孕んでいます。というのもキリスト教モデルに合わない宗教は、必然的に排除されたり、無視されたり、誤解されてしまい、個々の宗教を真に理解する妨げになっていると考えられているからです。

例えば、現在の宗教観では、日本の神道のような形式の宗教、つまり確固とした神観念も、教理も、教団ももたない宗教のあり方を旨く理解できないとよく指摘されますが、その原因の一つに、その宗教観には、無意識レヴェルのキリスト教的な宗教モデルがあるからだ、ということは是非知っておいていただきたいと思います。

そして、明治以来の近代化、つまり西欧近代文明化、それはキリスト教的な発想に基礎を置くものですが、を優等生的に受け入れてきた日本人が、自らの信仰形態である仏教や神道、そしてそれらが習合した日本独自の信仰形態を、宗教と認識できず、それ故に、自らを「無宗教者」とか「無神論者」などと認識せざるを得ない信仰分裂状態に陥っている、その原因の一つはここにあります。

しかし、先にも触れましたように、一神教には二種類あり、特に、絶対的一神教は、特に非セム的な宗教を理解するのに、有効な宗教観です。

6　ヒンドゥー教は絶対的一神教

さて、排他的一神教と別の「一神教」として挙げた「絶対的一神教・一真教（一元的多現教）」とは何か、と申しますと。それは、現在の宗教学で、多神教と分類されるヒンドゥー教や仏教などがこの一神（一元的原理）教になります。ただし、ここでは話を簡略化するために仏教の法一元主義に関しては、省略します。

さて、ヒンドゥー教の教理では、無数の神々の存在が認められ、様々に具象化されています。現在でも、インドでは毎日のように個々の神に対する祭礼があり、神像が寺院の中心に安置されております。そして殆ど無数ともいえる神を、これも無数ともいえる神像を造り、祭っています。

しかし、ヒンドゥー教の哲学では、目前にある神像も、また多数の神々の存在も、実は、神そのものではない、ということになっています。それらは人間が認識できるように、神が仮の形を表したもの、つまり神の化身（avatāra）であり、真の神は、それを生み出す根元的な一者であるブラフマンのみ、ということです（著者はこれを二元的多現論・宗教には二元的多現教とも表現しています）。

ヒンドゥー教の代表的な神学ともいえるヴェーダンタ思想では、唯一の神であるブラフマンは、唯一の存在原理であり、単数でしかも中性と言われます。というのも、唯一の存在原理である神が、ユダヤ・キリスト・イスラームのセム的宗教の神のように男性で表されるとすれば、これはすでに男女という対概念を以って表されており、それはすでに男性という相対的な原理、つまり女性を前提とした相対原理を基礎としているという意味で、すでに唯一絶対の存在ではない、ということになるからです。

つまり、男女のような対概念、さらには年齢や具体的な形態を超える存在として神が認識される時、初めて人間の認識を超越する唯一の存在ということになるのです。ですから、ヒンドゥー教の唯一神とみなされるブラフマンは、中性の原理（神はその具体的な展開）と認識されます。そして、このような一神教のモデルこそ、インドや中国、日本に共有される宗教観の基本パターンです。つまり、ブラフマン神を「ダルマ＝法」という抽象名詞に置き換えれば、それは仏教の法の発想であり、この仏教がインド以東の地域に伝播し、深い影響を与えたということを考えると、この絶対的一神教という考え方は、仏教の影響を受けた地域の宗教を考える上で、基本となります。

7　男性優位の排他的一神教

一方、神を男性として捉えるセム的宗教では、神の唯一性を確保するためには、対概念である女性を排除しなければなりませんので、その出発からして排他的にならざるを得ません。聖書でも神は、徹頭徹尾男性です。また『コーラン』も神は男性のイメージです。

恐らく、これらの宗教の原型であるユダヤ人の祖先が、遊牧民であったために、農耕神である女神に対して、男性神の優位を主張したのだと考えられます。何しろ、羊などの遊牧の場合、数頭の雄に、数百、数千の牝が従うという形ですから、そのような男性優位の発想も生まれやすいのでしょう。

先にも触れたように（＝これは、「神となった女性の力」で書きます）宗教の始まりの一つに、女性のもつ「産みの力」（増殖・繁殖……）に対する畏怖や敬意があった事は事実ですから、男性神信仰というのは、いわば後発、少なくとも最初は劣勢であったと思われます。この男性神の信仰が、前面に立つために男性（神）は、あらゆる生物が牝あるいは女性から生まれるという自然の摂理をあえて否定するような発想をしなければならなかったのです。そのような精神的な営みは、自然界のルールを無視することになります。つまり、神の唯一性を主張するということの発想には、かなりの不自然さと、それ故の魅力もあるわけです。

特に、遊牧民の場合は、軍隊を組織して農耕民を略奪・支配するために強力なリーダーを必要としましたから、なおさら男性優位の思想が生まれ易かったと考えられますし、さらに人間が都市を作ることで生まれた中央集権・専制的な権力構造の投影ということも考えられます。いずれにしても一神教は都市の構造が宗教の形にも投影したと考えられるわけです。

以上のように一神教は排他的な一神教のみならず、総合的、寛容的な絶対的一神教あるいは一真教（二元的多現主義）も存在するのです。

8　神は多数か無数か？

さて、一神教における二つのパターンを考察しましたが、では一神教徒たちが多神教（イスラームでは、カーフィルと言い、神を冒瀆するものと考えられています）と呼ぶ神のあり方について、考えてみましょう。

ギリシャ語やサンスクリット語などの古典語には、単数形と複数形の間に、両数形というのがあります。目や足や手のように、二本でワンセットを表す時に用いる形です。ですから、欧印語の古代語では、複数は三から始まると言ってもいいわけです。そうしますと、三位一体とか、釈迦三尊とか、三のつく言葉が宗教世界で結構重要な意味をもっている理由も、分かるよう気がします。

逆に言いますと、古代人にとって多数というのは三以上の数の集合体であったということが言えます。一八―九世紀のイギリス人の報告では、インドの密林には、数が一／二／沢山としか数えなかった少数民族がいたとされます。イギリス人は彼らと象牙を取引したのですが、その時に彼らの数概念を悪用してもうけたそうです。真偽のほどは分かりませんが、古代人の数の観念を考えるとそのような可能性もあったかもしれません。

そして、その延長線上に無数という数が想定されますが、無数の神の存在を認める宗教は汎神論がありますがあまり具体的ではありません。但し、比喩として神や仏はあらゆるものに宿る、あるいは数え切れないほどの数の神や天使などを認める宗教は、沢山あります。さらに意外に思うかもしれませんが、神と子と精霊の存在を認めるキリスト教も、アッラーの他に数え切れない天使と、人間以上の力をもつ妖霊（ジン）の存在を認めているイスラーム教も、日本のように人間に勝る力をもつものとしての神という定義であれば、多神教になるわけです。もちろん、キリスト教もイスラーム教も、そのようには考えませんが。

バンコクの街角のブラフマン

一方、多神教の代表的存在とみなされているヒンドゥー教は、現象世界の神の存在は全て幻想（マーヤー）であり、唯一のブラフマン神の仮の姿という考えをとります。つまり著者の言う一元多現主義の神です。

このように考えると神が唯一であるとか多数であるとかという議論は、突き詰めると客観性が無くなるものということが、言えるのです。いずれにしても、神が一か多かというような議論は、レトリック的な部分が強いということも言えます。

ちなみに、神秘主義思想という領域が、どの宗教にもありますが、この神秘主義思想においては、キリスト教でも、イスラーム教でも、神は唯一でありかつ遍在する、ということになります。

例えば、イスラーム教で神秘主義思想を主張するスーフィーたちは、神の遍在、その意味で神は無限に存在する多神教、そしてそれらが実は唯一の神そのもの、という矛盾した表現でもって絶対的な一神教の説を展開します。これらは神の唯一性と現実の神の多様性・多現性を語っています。ここまでくると神を「一」か「多数」かで分類して争うことが空しいことに見えてくるのは著者だけでしょうか。

3 宗教の起源について

1 最古のヴィーナス像は何を意味するか

聖なるものを具体的な形で表すということは、人間の知的営みとして、どの宗教にも見出すことができます。

しかし、それを人間や動物というような「像」として、表すことには賛否両論があります。ところで、神聖なものを人間などの形として表した、いわば聖像の崇拝は、現在形が残っているもので最古とされるものは、二万五〇〇〇年以上遡ることができます。いわば聖像の製作は、人類最古の精神活動の一つです。ヴィレンドルフのヴィーナスと呼ばれる石像が、その代表です。

日本でも縄文のヴィーナスと呼ばれる土偶が発見されています。恐らく数千年前のものです。しかし、その時、文字などはありません。これらの像は恐らく人類が残した最も古い知的文化活動（それこそ宗教の本質です）を表す遺品です。

その他にも、聖像に近いものは、フランスのアルタミラの洞窟に描かれた壁画なども、やはり聖像の部類に入るでしょう。人間は文字をもつ遥か以前から、自らの心を絵画や石や木などを使って像として表していたのです。それが、聖像の始まり、ということができるでしょう。

何か人間を超える存在を特定の存在や形に擬えたり、感じたりすることは人間の脳の働きの根源的な部分なのでしょうが、それを何処まで認めるか、というところに文化としての、つまり知的な方向性がある、ということではないでしょうか？

2　聖像（仏・神像や各種トーテム）崇拝と聖像否定

日本人一般には、仏教は聖像（時には、誤って偶像崇拝などと言われますが、これは間違いです）崇拝の宗教で、イスラーム教は聖像（この場合は偶像でもかまいません。詳しくは後で！）否定の宗教と言われます。

時には、キリスト教からも、仏教やヒンドゥー教は偶像崇拝の宗教である、と非難されます。さて、この非難はいかがなものでしょうか？

ここには大きな問題が隠れています。そもそも「偶像」とは如何なるものなのか、ということです。そして、「なぜ、それが否定されねばならないのか？」ということです。まず、偶像という言葉は、「偶」は、白川静氏の『字統』によれば「禺は顒然（大きな頭）たる姿の神像で、そのように作られた『ひたかた』を偶と呼ぶ」とされる。元は、墓などに供養のために、埋葬したものの様のようです。その末裔に流し雛やお雛様がある、ということです。この漢字からは、偶とは「土・木などで、人間の形を写したもの」ということですので、「偶像とは、本来は人の形を映した土や木などの人形」ということです。一方「像」は、「姿かたち」ということです。それが、拡大すると動物などの像を拝むことも含まれることとなります。所謂、トーテム信仰も広い意味では入るでしょう。

そして、この偶像を拝んでいる、つまり信仰対象、あるいは宗教的な道具として用いているということが、偶像崇拝ということになるようです。例えば、カトリックにおける十字架に架かるイエス像や、マリア像、また人形を絵画にまで拡張すれば、ロシア正教会系のキリスト教のイコンなども偶像に入ることになります。

そうなりますと、キリスト教の多くも偶像崇拝の宗教ということになります。

ここで少し聖像崇拝の歴史についておさらいしておきましょう。

3　宗教のはじめは五万年前か

「シンボルを用いてコミュニケーションをはかることは、私たち現生人の特徴にほかならない」（リチャード・G・クライン／ブレイク・エドガー『5万年前に人類に何が起きたか？——意識のビックバン』（新書館）一二頁。以下『5万年』と略記）のですが、その能力は決して古くから人間に備わっていたものではなく、「ごく最近に起こった新機軸」（『5万年』一二頁）です。

そしてどうやらその能力を発揮した最初の人類の出現を示す遺跡が、東アフリカのグレート・リフト・ヴァレーの通称エンカプネ・ヤ・ムト（黄昏洞窟）と呼ばれる遺跡であり、最初の象徴が、そこから見つかったダチョウの卵の殻で作ったビーズです（同一〇頁）。このビーズは、ダチョウの玉子の殻を直径数ミリメートル大の盤状に加工したもので、そこに錐のようなもので小さな穴を空け、恐らくそこに糸を通して首飾りのようにしていたのでしょう。

しかも、彼らはそれを作るために、多大な労力を費やしていたとされます。ここで注目されるのが、その理由です。

彼らは、このビーズを作るために大変な苦労をしたようですが、その時間を費やして食料を調達した方が、合理的であるはずです。しかし、彼らはその場その場の食料調達以上の意味を、そのビーズに見出したようです。つまり、このビーズはいざという時のためのコミュニケーションの道具であったということです。この点は「現在のカラハリの人たちは玉子の殻に社会的価値をおくが、それにはまたシンボルとしての意味に深く根ざしている」（『5万年』一四頁）。このシンボルとしての重要性は「数万年にわたって脈々と伝えられている」（同）のですが、恐らくこのビーズは、彼らが厳しい自然の中で、互いに助け合って生きてゆくための何らかの象徴の役割を担っていたのであろう、と考えられています。この点は「こうした社会的安全ネットワークがあれば、シンボルを用いて永続する互助関係を築くことができなかった人たちよりも（＝ネアンデルタール人を指すと思われる：引用者注）サバイバルしやすかったろう。集団間にライフラインを織り上げるようなものだ。そう、ビーズの鎖はライフラインなのである」（同一四頁）という解釈がなされています。つまり、この遺跡の住民は、謎めいた幾何学模様や、象牙の人間や動物の小立像（フィギュリン）、ビーズなどの装飾品というシンボルを用いることができるほど「彼らは高度な認識能力をもち、洗練された道具・武器を発明して、社会で入り組んだ相互安全ネットワークを作った」（同一二頁）とされる人々です。

これを専門用語では後期石器時代あるいはＬＳＡと呼びます。この時代のヒトは、石器をはじめとする多様な人工遺物や芸術品を残し、さらに明らかに葬儀が行われたことを物語る精巧な墓を掘ったとされます（同二五二頁）。

彼らの行為は「現代的な意味での文化の曙光を示す」（同二五四頁）ものであり、さらにそれは「年代や場所によって人工遺物がどんどん多様化したことは、自意識をもった文化があったことを」（同）具体的に示している、と言うのです。そしてこの始まりがアフリカにおいて五万年から四万五〇〇〇年前と言われています（同二五六頁）。

4　抽象力が新人の特徴

この新しい生活スタイルを生み出した人類が、我々の祖先であり、彼らはアフリカから、徐々に世界に広がって行きました。その過程で、旧人であるネアンデルタール人は、「現生人との競争に敗れた」（『5万年』二〇二頁）のです。

なぜ彼らは、現生人に敗れたのかというと、すでに明らかなように、ネアンデルタール人の思考が、その脳の容積の大きさに似ず単純であり、現生人類、つまりクロマニヨン人がもつ、高度な大脳の機能によって生み出された「文化を築く能力、あるいはもっと正確には、物事を革新するという完全な現生人ならではの能力」（同二五七―二五八頁）をもっていなかった、ということです。

例えば、「ネアンデルタール人の墓には埋葬の儀式や祭儀を示すようなものがない」（同二〇六頁）し、「家と呼べるようなもの」（同二〇七頁）も造らなかった、と言われています。つまり「ネアンデルタール人は芸術品や埋葬儀式をもたなかった」（同二〇八頁）ということらしいのです。筆者には両者の違いを詳しく述べることはできませんが、両者の違いで注目されることを象徴的に示しているのは、ネアンデルタール人とクロマニヨン人が共に用いた酸化鉄の用法の違いです。

つまり、前者が酸化鉄を用いて「皮をなめし、木製の道具の表面を加工した」のに対して「クロマニヨン人は一般にオーカー（酸化鉄）を細かく砕いて、壁画用の絵の具にした。ネアンデルタール人と違って、墓にもオーカーをしばしば大量にまきちらしている」（同二二〇頁）という点です。しかも、彼らの死体は一定の儀礼がなされ、貝殻のペンダントなどが添えられていた、ということです（同二二〇頁）。因みに、この遺体は二万四〇〇〇年ほど前のものだったそうです（同二二一頁）。ここにも、現生人が、ネアンデルタール人にない抽象的な世界、特に死を意識していたことが想像できます。つまり、死を考える能力があれば、それを避けようとする能力も生み出され、その他様々な精神的な働きが生み出される、というわけです。つまり、只生きるために直接必要な狩りの道具を作るために用いる、というレヴェルから、もちろん、これも高度な能力が不可欠ですが、それ以上に自分を含む世界を脳の中に描き、これを他者と共有し未来に備える。あるいは見えない敵や災難への恐怖に備えるという脳の働きです。そしてこの新人には、意志の伝達手段として絵画や彫刻というような象徴を用いるという抽象化する能力が、高度に発達していたということです。

このように、ほぼ五万年前（あるいはそれより数万年遡るかもしれないが）に、顕在化した現生人類（の文化）は、象徴を駆使し、互いにコミュニケーションをとり、集団で生活し、後世における社会を形成していた、と考えられることから、ここにシンボル体系としての宗教の存在が確信されます（ただし、種としての現生人類の発生は二〇万年くらい前とされるようです）。

この現生人が起こした、ＬＳＡと呼ばれる文化様式は、早くも四万五〇〇〇年頃〜四万三〇〇〇年前には西アジアに広がり、中央・西ヨーロッパには三万八〇〇〇年〜三万七〇〇〇年頃には広がったとされます（『５万年』二五六頁）。そして、二万五〇〇〇年前には中央シベリアに広がり、一万一五〇〇年前にはアメリカに広がった、とされます（同二五八頁）。

5　ホモ・レリギオスと宗教の発生

さて、次にさらに具体的な領域に入ってゆきましょう。すでに、現生人類のもつ高度な抽象能力の存在は、明らかになりましたが、その抽象能力が生み出したものとして、宗教の存在を実感させる小立像、いわゆるヴィーナス像の存在を中心に検討しましょう。この像が生まれたということにおいて、私たちはこの時代の人々が、所謂「宗教」と後世と呼び習わす精神文化をもっていたことを、容易に知ることができます。つまり、世界の抽象化、シンボル化、そしてそれを他のものに置き換えて象徴的に表現する具象化、さらにそれらを通じてコミュニケーションをとり、集団の統合意識や統合原理の醸成、維持というような社会的な行動にまで至る精神の連続性が見出せるのです。

ここに宗教の原点がある、宗教の原初形態がある、ということになるのではないでしょうか。その意味で、宗教は現生人類を特徴づける能力ということも言えるのです。いわば宗教と呼ばれる抽象化、象徴化、統合化、そして具象化という能力は、現生人類が種として獲得した遺伝的な変異、恐らく大脳機能の突然変異の結果生じた高度な抽象能力が生み出した、様々な精神作用の一つ、というより象徴ということができるのではないでしょうか？

その象徴的存在が、所謂地母神信仰と呼ばれる女性の生殖能力、増殖能力を崇める地母神信仰であり、また狩猟文化的なアニミズム、あるいはシャーマニズムです。それらは素朴な信仰形態ですが、自然崇拝や精霊信仰など、後世に複雑化してゆく地母神、アニミズム、シャーマニズムという宗教形態の諸要素を確実に含んでいたことは間違いないでしょう。

特に、狩猟採取の時代には、獲物や採集物を生み出す自然への畏れと感謝を込めて自然を崇めたと思われますが、その具体的な思考として、動植物に自らと同じ魂を認め、これを慰撫鎮魂するという発想ではなかったのでしょうか？　そのために製作されたのが例えば女性像、特に妊娠した像であったり、ラスコーやアルタミラの洞窟に残された高度な芸術性をもつ絵画です。いわばこの時代は、後に農耕時代を迎えて人類が自然から独立を勝ち得、人類独自の生活と思想を展開する準備段階というわけです。

次に、この時代の宗教性を遺品を通じて考えてみましょう。

6　神となった女性の力

狩猟採集時代の信仰を考える上で、象徴的なものに有名なヴィレンドルフのヴィーナス（英語：Venus of Willendorf）として知られる、女性の姿をかたどった、高さ一一・一センチのスティアトパイグス型の小像があります。この像は、世界史の教科書などで有名ですから、記憶に有る方も多いでしょう。この像について、インターネットのフリー百科事典『ウィキペディア』（Wikipedia）の記述を元に簡単に紹介しますと、この小像は、一九〇八年に、オーストリアのヴィレンドルフ近くの旧石器時代の遺跡で、考古学者ヨーゼフ・ソンバティ（Josef Szombathy）が発見したものです。この像は、その地方では産出しないウーライト（魚卵状石灰岩）を原材料として造られており、また代赭石で染められていました。この像は、考古学的には、二万四〇〇〇年から二万二〇〇〇年前の地層から掘り出されたもので、その制作年代もほぼこの時期だとされています。

しかし、この小像の起源や、制作方法、文化的意味などについては、殆ど知られていない、ということです。

つまり、この像がどのような背景をもって作られ、また用いられていたかを示唆するような遺品は、出土していないということです。そうなりますと、あとは想像の域を出ないことになりますが、ほぼ同時代のフランスのラスコーの洞窟壁画などと関連させて考えると、この像の意味もある程度推測できるのではないでしょうか。つまり、この壁画は、紀元前二万五〇〇〇年から一万五〇〇〇年頃に制作された、とされていますが、その壁には一五〇〇以上の動物の絵が描かれており、その制作法は、スタンプや吹き付けというものでした。さらに、この絵には帽子か仮面を被った呪術師のような人物や、星や暦とも思われるものまで描かれているそうです。

ほぼ同時代のスペインにはアルタミラの洞窟も有名です。このアルタミラ洞窟壁画は、先史ヨーロッパ時代の区分で、ソリュトレ期に属する約一万八五〇〇年前頃のものとマドレーヌ期前期頃の約一万六五〇〇年前―一万四〇〇〇年前頃のものが含まれています。

これらの洞窟壁画に共通していることは、洞窟の奥深くに書かれていること、また主食であった動物の姿が描かれていることから、その繁殖を願った一種の呪術であった、と考えられることです。つまり、洞窟は動物を生み出す産道であり、子宮と考えていたというのです。ですから、沢山の動物が生み出されるように、洞窟の奥に、動物の姿を描き、豊穣を願ったのではないか、ということです。

このような考え方は、現在でも各地で見られます。特に、不妊症の女性が子供を授かるために、絵馬・人形、時には男性性器の張り子などを奉納する風習や、母乳が沢山出るようにと乳房をあしらった人形を奉納するというような風習は、世界中どこでも見出せます。これらは類感呪術と言います。

このように考えますと、このヴィーナス像が理想化というか女性性が強調された形、つまり女陰、乳房、膨張した下腹部などの意味が、多産・豊穣との密接な関係を示唆していることが類推できます。同時に、腕が乳房の上で小さくまとめられていること、明瞭な顔面がないことも、それが多産や豊穣と直接結びつかない、ということで省略された、ということが類推されます。さらに頭部や目が、紐のような頭飾りらしいもので覆われている、ことからこの像が何らかの意味で、呪術的な道具として機能したことが分かります。専門家の中には、像が太っているのは、狩猟採取社会におけるこの女性の高い地位を表すものだと解釈しているようですし、この像が、明らかな多産・豊穣に加えて、安全と成功の象徴であった可能性もあると言っています。というのも、この立像の脚は、自立して立っていられるような形には作られていないので、この像は単に崇めるためではなく、むしろ携える目的で造られたと考えられています。いずれにしても、アルタミラの壁画といい、ヴィレンドルフのヴィーナスといい、これらの遺品は、現在人と同じ脳の機能をもつ人々によって生み出されたものです。

そして、ここには共通の発想としての女性や牝の子を産む能力の神格化が見て取れます。ですから、地母神信仰がこの時代には存在した、ということが言えるのです。その痕跡は、現在の言語にも残っています。つまり、大地や山、あるいは川というような名詞が、女性形であるということは、これらが多産や生殖という機能、つまり、食物を生み出すことと密接に関係しているからでしょう。

7　日本にもいたヴィーナス

同様な発想は、日本にもありました。それを示す遺品が最近各地から発見されています。有名なところでは「縄文のヴィーナス」と名づけられた長野県茅野市発掘の土偶、さらに平成元年に、山形県舟形町西前遺跡出土の日本最大の土偶などがあります。この西前遺跡は、小国川の段丘上に位置する、縄文時代中期の遺跡で、その土偶は大量の土器のかけらとともに、いくつかに分かれて発見されたようです。実は、この種の土偶の殆どは、完全な形で見つかることはまれで、多くの場合一部や全部がわざと壊されて発見されます。

その理由は、穀物神の信仰があったからだとされます。それを理解するには『古事記』の大気津比賣（オオゲツヒメ）の物語が有効です。

『古事記』では、速須佐之男命（スサノウノミコト）が、食を請うと大気津比賣は、鼻口また尻より種々の味物を取り出して、料理をさし出しました。その料理のさまをのぞいていた速須佐之男命は、その作り方が汚らわしい、わざと汚らわしくして差し出したと勘違いして怒り、大気津比賣を斬り殺してしまいます。するとその頭から蚕が生まれ、目からは稲が生まれ、耳からは粟が、鼻からは小豆、性器からは麦、尻からは大豆が生まれた、となっています。これは世界各地で知られる穀物霊の死と再生のモチーフですが、要は、穀物は種として死に、芽を出し、それが生長して新しい実を付けるという植物の生命サイクルを表している、と言われています。

ですから、ここで発見された土偶も、破損していたというわけです。いずれにしても、農耕文化にまで達していなかったにしろ、縄文後期の人々が、何らかの食糧の栽培技術をもち、またそれをもたらす「カミ」に敬意と感謝を感じていたことは、明らかです。そして、それを女性像で表したという点も、古代社会に共通です。

そして、この風習は、かつて日本中で見られたはずですが、現在でも東北地方に残っているそうです。つまり「山あいの村々を訪ねると、そこには決まって、山の神を祀る神社や小さな祠がある。秋田との県境に近い真室川町の村々には、そうした山の神の神社がたくさんあり、木で造ったヒトガタ（人形）が数多く奉納されている。子どもの健やかな成育を願って奉納される。及位（のぞき）地区でいまも行われている、子どもらの山の神勧進の行事には、それらのヒトガタが背負われる。山の神は女神と信じられている地方が多く、女神の像が祀られている山の神神社も見られる。『縄文のヴィーナス』ならぬ、『山のヴィーナス』であるが、なぜか、この女神は醜く嫉妬深い神だといわれている。多産の神であり、その姿が子を宿す姿をしていることもある。まさに、いまに生きる『山のヴィーナス』なのである」(http://www.yamagata-net.jp/bunka/bunka/bunka_02.html) というわけです。

そして、同様な土偶は山形県杉沢遺跡（縄文晩期）地表下約六〇センチの土中で、三方に石を置いて扁平な蓋石で被い、仰向けに寝かせた状態で出土したという。また同山形鎌淵D遺跡出土の土偶の高さは約二三センチあり、髪を結い腰にはパンツを着け、左右の目尻には入墨か化粧をしている。この髪を結う土偶は、地下約六〇センチのところに太い両脚をふんばって垂直に立って出土したといいます (http://www.hi-ho.ne.jp/mizuno/kasetsu/kasetsu22.html)。

この素朴な自然崇拝に今日に至るまでの信仰形態の基根を見出すことができます。特にこの女性の崇拝は、農耕社会において地母神信仰へと発展してゆきます。

さて次に、もう少し原初的な信仰形態について検討しましょう。

8　アニミズムという神の形態

環境と文明の関係を実証的且つ多角的に検討されている安田善憲氏は、農耕や都市の発生と環境変化を結びつけて優れた研究成果を世に問うています。その安田氏は同時に、アニミズムや女神信仰、蛇信仰といったキリスト教的な価値観からは、遠ざけられていた信仰形態にこそ、人類の根源的な信仰の価値があると強調する文明学者でもあります。

安田氏は『大地母神の時代』（角川選書）において自身のヨーロッパ縦断体験を通じ、地母神信仰の根源性、そして重要性にしばしば言及し、現在の人類の危機を生み出し近代文明のもとにある科学文明、さらにそれを支えるセム的な一神教原理の欠点を補うのは、多神教として排除されてきた地母神信仰である、と述べています。

その源を狩猟採集時代、つまり人間が自然の一部として暮らしていた時代に求めています。そして、自然環境と解決する現在文明は、このアニミズムの時代の精神に学べとして「アニミズム復興」を主張されています。

いずれにしても旧石器時代から新石器時代、つまり農耕時代に移る前の時代、人類は急激な環境の変化に遭遇し、そのことが人類の生存を駆けた生き残り作戦を繰り広げました。その点は環境考古学者にして比較文明学者の安田善憲氏の著作に詳しいのですが、この時の急激な環境変化との対応の結果、人類は農耕という新しい生活スタイルを手に入れた、発明したのでした（安田善憲「気候と文明」）。そして、この時の必死の対応が、人間に多様な自然解釈を産み出すきっかけになったのかもしれません。それが、本書でいう神々の大爆発、宗教のカンブリヤ大爆発というわけです。

この時代の信仰の代表が、現在の言葉で言えばアニミズムということにあると思います。ただし、一九世紀にタイラーによって提唱されたこのアニミズムという概念は、原初信仰のレヴェルということで、やがて多神教、一神教へと進化するべきもの、という一九世紀的な、つまりキリスト教を前提として、それに進化論を加わえた、いわば宗教進化論の価値づけの元に主張されたので、必ずしも良い意味ではありません。

しかし、排他的一神教に凝り固まっていた西洋人が、他地域の信仰に目を向けて、それを曲がりなりにも宗教と認めた、という点は評価できるのです。ともあれ、このアニミズムとは、ラテン語のアニマ、つまり霊魂という言葉からの造語で、その意味は「動植物その他の無生物に至るまで人間と同じようにそれぞれ自身の霊魂をもっており、何らかの意味で生きて作用しているもの」と考える宗教観です。この考え方は、動植物はもちろん、無生物である筆や針、さらには包丁、人形、ハサミ、櫛というようなものまで、鎮魂供養する日本人には非常になじみのある考え方です。

この考え方によれば、全てのものは皆霊魂をもつ故に崇拝対象となります。しかも、その霊魂は、「一時的あるいは永久的にそ

上野不忍池のメガネ塚（無生物にも鎮魂は必要だ！）

の物をはなれても、永久的に独立して存在しうるものと考えられ」（『宗教学事典』）ております。この宗教観では、世界には霊魂が無数に存在することになり、それらを慰撫し、鎮魂する必要がある、ということになります。

そのために、無数の慰撫・鎮魂対象、つまり広い意味での神が想定され儀礼が多様に形成された、と考えられます。

特に、諸霊の中でも人間や動物の死霊の存在は恐れられたようです。タイラーの学説ではこの死霊から「精霊が生まれ、霊鬼、神（祇）、神（キリスト教のＧＯＤ）が生まれた」という進化論的な構図となります。しかし、今日ではこのような単純な発展論は、受け入れられていませんが、死霊や精霊、神祇というような多様な神的存在を認めるアニミズム的な考え方は、前述の宗教世界を理解する上で今日でも有効な考え方です。しかも、排他的一神教であるセム族の宗教が席巻した地域以外の地域、つまりインドや東・東南アジアや未開部のアフリカ等では、今でもこのアニミズム的な宗教世界が現実に生きているのです。その典型が、日本であり、インドというわけです。

一方、排他的な一神教を前提とするキリスト教やイスラーム教でも、完全にアニミズム的な要素が排除されたわけではありません。なぜなら、アニミズムはシャーマニズム同様、人類の最も古い宗教表現の一つ（現代的な知の観点からの命名ですが）でありますから、如何に合理的な一神教といえども、この数万年、あるいはそれ以上からかも知れませんが、継承されてきた伝統を完全に否定することはできませんでした。

その傾向は、キリスト教ではカトリックやギリシャ正教会に顕著です。例えば、カトリックでは、マリア信仰が盛んですが、これも古代以来の地母神信仰との関連が深いとされていますし、事実黒いマリアというようなマリア像もあるのです。

一方、排他的一神教の典型と理解されているイスラーム教でも、神つまりアッラーの唯一性は譲りませんが、神に準じて無数の天使や妖霊を認めるし、悪魔の存在は不可欠です。さらにメッカ巡礼では、イスラーム化する以前の信仰（ジャヒリーヤ：無道時代と言います）の様々な儀礼が、その神学的な位置づけは変わっていますが、引き続き行われています。有名なメッカ（マッカ）のカーバ神殿の黒石への接吻などは、この典型です。この黒石は大きな隕石で、イスラーム教化する以前から、メッカに祭られていました。それが、イスラーム化した後もその神聖さは保持され、崇拝されてきました。しかも余り多くの人がタッチし、接吻するので、現在ではその石はすり減ってしまい、ステンレス製の枠に入っていますが、それさえもすり減っています。

民衆の宗教意識というものは、合理性一辺倒では

スリランカのマリア像
（象徴の形はやはり母性が魅力的？）

ないということですが、その背後にあるものは、アニミズム的な発想は、人間の脳の認識作用にとって心地よい、あるいは脳の認識プログラムが生み出したもの、という意味で根元的な宗教観と言い得るかも知れません。

その意味で、セム的一神教的考え方の宗教も、このアニミズムという意識の大海の上に浮かぶ大きな島程度の存在と言えましょう。少なくとも、時間軸の長さを考えればそう言えます。

9　シャーマニズム

一神教のような人間の知的合理性から生まれた神観念が普及される以前の世界では、吉凶両事の原因にしろ、招福除災にしろ、神や精霊と呼ばれるような神的存在に頼ることが一般的であったと思われます。前述のラスコーの洞窟画の中にも、シャーマンと呼ばれる神霊と人間の媒介者と思われるものが、描かれています。その意味でシャーマニズムもまた非常に古い信仰形態ということができます。もちろん、後代のような体系的な組織をもっていなかったでしょうから、素朴なしかし、人間の心の奥底から生み出されている信仰形態であるために、それは遥か以前から現在に至るまで連綿と続いているという点では、アニミズムと同様です（一三八頁の図参照）。

広い意味ではアニミズムとシャーマニズムは、ワンセットの宗教的あり方とも言えます。少なくとも、両者は大きく重なっています。というのも、シャーマンがトランス状態（神懸かり）となり、接触、あるいは交信する相手は、神霊・精霊であったり、霊魂であったりと多様ですが、全て日常的な感覚ではなし得ず、異常心理の状態を通じて、そのような状況下において神霊・精霊等との交流がなされると言い得るからです。つまり、シャーマニズムの前提には、そのような他者、つまり神的存在が必要なわけですから、アニミズム的な宗教観との重なりが大きいわけです。

しかも、この異常心理、非日常的な精神において神的なものと交流するという図式は、現在に至るまで多少のバラエティーはあるもののその基本形態は変わりません。例えば仏教の開祖ゴータマ・ブッダでさえ、長く激しい苦行の果てに超越的な対象（仏教は、ダルマ）との一体観を得ています。これを仏教では悟り、と言っていますが、普遍化すれば、ダルマは他の宗教の神に当たりますし、ブッダはこの超越的存在との交信、媒介者であるシャーマンと言うこともできます。

現にインドでは、「預言者ゴータマ・ブッダ」などと言う人もいます。つまり、ゴータマ・ブッダは、仏教という新しい交霊・交神（ダルマ）の教えを生み出した神の使い、という位置づけです。こう考えるとセム族の宗教に出てくる多くの預言者たち、キリスト教のイエスやイスラーム教のムハンマドも、シャーマンという大きなくくりができます。特に、ムハンマドは、神の言葉が降る時には、冬でも汗をかき緊張したと言われています。

また、日本では卑弥呼以来女性のシャーマンが民族宗教の中心に君臨しました。天理教や大本教では、女性のシャーマンがそれぞれの宗教の開祖になっています。因みに仏教でも、日本で最初に出家したのは司馬達等の娘嶋でした。もちろん、男性のシャーマンも存在します。男性型は主に北方型と言われ、女性型は南方型です。日本では沖縄のノロやユタが有名です。彼女らは役割こそ異なりますが、神霊との交流役を果たします。

その他、シャーマンは単なる交霊術者だけではなく、死者の魂や生きるものの病を癒す（呪）医者、神の預託を受け共同体を導くリーダー（祭祀王など・古代社会の天皇、中国の天子など）、その役割は多種多様です。いわばシャーマニズムは、宗教の基本形、特に神などの超越的存在と交流するという宗教の基本型は、ここらあたりを源としていると言えるでしょう。

もちろん、現在の学問でいうシャーマニズムは、もう少し限定的な使い方をします。しかし、シャーマニズム、アニミズムが、人類の宗教形態の一番古い層をなしている、ということは知っておくべきことでしょう。そして、それは原始的とか、未開ということではなく、むしろ基本的あるいは根元的な宗教の形態であり、現世人類の精神世界の発達と共に、形こそ変化させているが、今日まで、そして今後も続いてゆく宗教のあり方でしょう。

因みに、現在このシャーマニズムについての定義は「シャーマニズムは宗教ではなく、脱魂と治療の諸手法の全体」（ミハーイ・ホッパール（村井翔訳）『シャーマニズムの世界』青土社）というように限定されています。なぜならシャーマニズムには、教理体系も、固定的で整備された儀礼も一見認められないからです。しかし、それは近代西洋的宗教観からの見方である、ということです。

4 文明期の宗教

1 農業革命と宗教

人類が自らの知的・身体的能力を駆使して食糧を確保できるようになった時代、これが農耕時代、すなわち比較文明学の泰斗伊東俊太郎博士のいう農業革命の時代です。伊東俊太郎先生の考えでは、人類は五つの革命的な変化（進化）を通じて、現在に至っていると言います。その五つとは、先ず、約七〇〇万年前後の人類の出現です。その後、次の革命が動物と同じ狩猟採集から抜け出した農耕の始まりです。これを農業革命と呼びます。その後、第三の都市革命が紀元前三〇〇〇年期にあり、さらにこの都市生活における人間の生き方を示した精神革命（紀元前五世紀を中心に前後二〇〇年位。この時代に殆どの普遍宗教や思想が生まれた）があり、最後に一七―一八世紀の産業革命が続くのです（詳しくは伊東俊太郎『比較文明』東京大学出版会）。

この農業革命の時代は、いわゆる新石器時代に当たり、「磨製石器を用い、……土器の使用を特徴とし、……農耕という生産様式を産み出し、狩猟・採集の段階から一躍計画経済段階に移行した」（『西洋史辞典』東京創元社）という時代です。つまり「狩猟採集の流浪の旅ですごし、不安定なその日ぐらしをつづけてきた人類が、はじめて農耕というものを発見し、野生植物を栽培化すると同時に、野生動物を飼育化し、そこに食糧を能動的に生産し確保するという積極的な営みを開始する」（伊東俊太郎『文明の誕生』講談社、七三頁）という時代です。つまり、自然の支配から、人間が独立し自らの能力で、衣食住をまかなえるようになった時代、これが「農業革命」の時代ということでしょう。その発生は、大体今から一万年は遡らないと言われています（同七四頁）。

因みに、この「農業革命」の時代、また「食糧生産革命」の時代は、最近の研究から東南アジアを皮切りにメソポタミア・メソアメリカ・西アフリカの順にほぼ同時に四地域で始まり、世界各地に伝播したということが分かっています（同）。

そして、このうち麦を中心に栽培していたメソポタミア地域の農耕に関する研究が最も詳しくなされ、明らかになっています。この時代の宗教形式が我々の信仰形態の底流をなすと考えるのが筆者の考えです。

すでにアルタミラ洞窟のところでも検討したように、人類は食糧の増産を祈って洞窟深くもぐり、獲物の姿を描くという象徴操作を行う抽象概念で行動するという能力を身につけていました。しかし、彼らは生殖と自然世界の食糧増加の因果関係を比喩的、あるいは相似的に捉え象徴操作を行うことはできても、まだ農耕の民のように食糧を生産から消費まで一貫して管理する計画性をもっていなかったのです。それが農耕を通じて殆ど可能になったということは、七〇〇万年の人類史の中で、まさに革命的なことであったということでしょう。

そして農業革命を通じて人々は、従来に増して女性の生殖能力を穀物・家畜の増殖・増産に結び付けて神格化したようです。いわゆる豊穣の女神、地母神と呼ばれる神々がこれに当たります。地母神の存在は、ギリシャ神話のガイアのみならず世界各地に見出せます。身近なところでは伊邪那美や大気津比賣であり、さらには天照大神などがこれに当たるでしょう。またインドに行けば女神のオンパレードであり、しかもその女神群は、美しい姿から、怒りの姿、老いさらばえた老女の姿など様々な形態をとっています。そして、それは生と繁栄、そして死をそれぞれに象徴しています。因みに、日本でも伊邪那美女神が、産みと死の両面を象徴的に現しているのと共通しています。つまり、大地は、人間に命の糧である食糧を供給し、同時に死してその遺体や魂は大地に埋めるつまり、飲み込まれるという現実をこの様に表現したのでしょう。

いずれにしても、女性の生む能力、そして大地の死を受け入れる能力は、どちらも女神の形を取って信仰されました。ですから、古代社会は女性神であふれていたのです。ここで一々固有名詞を挙げることはしませんが、代表的な女神の名を挙げますとギリシャ神話のアルテミス女神、アテナ女神、アフロディェティー女神、さらにはヴィーナスなどなど、インド神話でも女神は活躍し、カーリー女神は血を飲み遺体の一部を身に纏うという死神ですし、美しいサラスバティ女神は水の神、生命力の象徴です。これらの女神の起源はもちろん、農耕の始まる遥か以前からあった女性の生殖能力への畏敬と現世利益的な発想によるのですが、農耕社会を迎えて一層盛んになったということは事実でしょう。

世界各地に見られる女性神、その多くが地母神ですが、その信仰の多様性は、このような農耕の多様性と関係があると思われます。というのも、農業は女性によって古くから行われていた採集の延長線上にあったからです。しかし、その規模が組織的となり、集団でこれを行うようになると女性の生み出す力以上に、集団を統率し理性的に組織を動かす男性の能力が農耕に用いられるようになり、やがて都市国家と呼ばれるような集団ができ、国王が生まれ、男性中心の社会、男性神への信仰が強調されるようになった、と考えられます。もちろん、このシャーマニズムや地母神が、以後消滅したわけではありません。それは、次の農耕文明から都市文明の時代を経ても、強靭に生き残ってゆきます。これが民族宗教の核です。

2　農業革命の時代——民族宗教

農耕が行われ人口の増大や余剰食糧の交換が定期化し所謂市場が生まれ、それらから都市が生まれました。所謂伊東氏の言う都市革命の時代です。農業革命から都市革命までの時代には、灌漑技術の発達があり、豊富な余剰農産物の生産が、直接農耕に従事しない都市人口を養うことができるまでに発達することが条件でした。

伊東氏によればこうした農業生産の拡大には、大規模な治水、灌漑のための巨大な共同作業が不可欠であり、そのためにはこれを行う社会や事業それ自体における強力な統率者が不可欠です。そして、その指導者は「農耕社会特有の呪術を行う宗教権威としての巫者であった」（『文明の誕生』七八頁）のです。つまり祭祀王です。彼らは多くの場合、現在でいう宗教家であり、政治家、つまり精神的にも共同体レヴェルでもリーダーとして、民衆をリードしたのです。これが現代まで継く民族宗教の源です。やがて、集団の規模が大きくなり、複雑多岐にわたる領域での活動が期待されるようになると祭祀王も分業化がすすみ「政治的な王となり、その周辺に僧侶階級や書記」が生まれ、さらに戦士階級が生まれ、さらには特殊な制作活動や交易を行う商工業者階級が生まれることとなったのです。

彼らは、農耕に直接かかわらず、純粋に消費者として、都会に住み神殿や王宮を中心とした周囲に城壁をめぐらした都市（city）に住むようになったのです。それが、都市文明と呼ばれるものです。都市と文明の関係は、都市という言葉が文明（civilization）という言葉の基になったということから考えても理解できます。この都市文明の特徴は「強力な王権と国家機構の成立であり、階級・職業の文化であり、金属器の使用であり、商業の勃興です」（同）。こうなると、現在の我々と基本的には生活様式が変わりません。

そして、この都市という「人間が、人間のために、作った生活空間」に生活する上で有利なように、自らの生活規範や行動様式を作り出す必要が生まれたと考えられます。つまり、伝統的な村落社会を出て、都市という人間が人間中心の生活空間の中で、それぞれの人間が独自の判断で活動する、そのような自己責任の社会が、いわば都市社会なのです。そして、それが宗教的に現れたのが文明期の宗教ともいえる、所謂普遍宗教だと、筆者は考えています。

3　文明期の倫理宗教

すでにしばしば触れたように私たちの生活形態は、実に長い狩猟採集の時代から農耕段階を経て、文明期に入ります。それはそれまでの長い狩猟採集・農耕という生活形態の海の上に浮かぶ小さな小島のような関係です。ですから、文明期に入ったからといって、前者の要素が無くなったわけではないのです。しかし人類が集団で生活し人間の為の都市という生活空間が形成されると、人間は新たに文字を生み出し、経験と知識の蓄積のすべを得て、一層高度な生活空間を作ってゆきました。この時代以降、人間は生活の必要性から数学、占星術、暦学、医学など基礎的な知識装置を開発し、また血縁関係をはなれた新しい精神統合原理として、現代に通じる高度な宗教、筆者の言う「倫理（型）宗教」が生まれるのです（『文明の誕生』七八頁）。

この文明期の宗教の発生は、文明化つまり都市生活を基礎として生まれてきたわけですが、現在知られる宗教で、この都市型宗教の最初は仏教です。しかも仏教の成立とほぼ同時代に、世界各地で現在まで続く文明下における宗教・倫理・生活規範等を主張した思想家が多数出現しました。つまり、インドにゴータマ・ブッダ（四六三―三八三あるいは五六四―四八四）、マハービーラやウパニシャッドの哲人たち、中国に孔子をはじめとする諸氏百家、中近東には、旧約聖書におけるミカエル、エレミア、エゼキエルなどイエスに先立つ多くの預言者、使徒たち、ギリシャではソクラテスはじめプラトンやアリストテレス、そして多くのソフィストたちです。不思議なことに紀元前五〇〇年前後二〇〇年頃に、現在人の思想を規定する思想や宗教が世界各地の都市国家の中に、殆ど同時に生まれたのです。伊東氏はこれを精神革命と呼び、哲学者のヤスパースは枢軸時代と呼びました。

これは、農耕による生産が飛躍的に伸び、都市国家が社会の中心の一つとして大きく成長し、そこにおいて生きるための精神性つまり新しい宗教を必要とする段階に達した時に、ゴータマ・ブッダやソクラテスという知的リーダーが、新しい生活スタイルに適した思想を展開したのです。つまり、地母神思想が農耕時代において特に発達し、地縁・血縁共同体であり、生産を中心とする時代の中心思想・宗教であったように、都市の生活の基本的な生き方、つまり個人的、合理的、倫理的な思想や教えを中心に彼らは説いたのです。これが倫理宗教です。

これは個人を最小単位とした人間相互の関係性、つまり道徳や倫理性、さらには法律や契約を重視した価値体系を中心とする教えです。この個人を単位とする教えは、地縁血縁を超えた普遍性を基本としており、これが文明期の宗教の特長となっています。宗教学的には、この時代の宗教は普遍的超越者、簡単に言えば絶対的な力をもつ神、男性神の存在を生み出した、あるいは強調したということが言えます。それは丁度都市をリードし、強力に支配した王のイメージを抽象化し、超越的な神や天、法（ダルマ）という形に具象化した、ということになるでしょう。そこには明らかに普遍的精神、つまり地縁・血縁を超えて全人類のために、あるいは社会的地位や民族的差異を超えて一人一人を対象とする宗教の出現となるわけです。これを普遍宗教とも言います。

もちろん、これらの宗教は、従来からある地母神信仰やアニミズム的民族宗教と必ずしも対立し、これらを排除するものではなかったのですが、中にはユダヤ・キリスト・イスラーム教のように、排他的な原理を展開する宗教も生まれました。しかし、この時代から、宗教が普遍宗教と呼ばれる宗教となり、合理的な思考によって神と人間との関係、あるいは救いや癒しの関係が論じられるようになります。

この倫理宗教の中で特に民族や地域を越えて全ての人々の救いを目指したのが普遍宗教で、仏教を筆頭にキリスト教やイスラーム教がこれに続きます。その他にもゾロアスター教やマニ教というような宗教も普遍宗教と言えますが、現在は殆ど存在しないか、消滅してしまった宗教です。

何度も言いますが、人類史は、アニミズムやシャーマニズムのような多神教的な原始・民族宗教の海の上に、新しい宗教としての普遍宗教が覆いかぶさるあるいは、浮いているという状態であると、考える事ができます。但し、仏教とセム的宗教では、既存の宗教との共存関係が異なります。この点は、今回余り詳しく述べられませんが、仏教は既存宗教と共存共栄型であり、キリスト教やイスラーム教は排除、あるいは併合型の宗教だと言えます。だから、仏教の伝播は平和的に行われたのに対して、キリスト教やイスラーム教は、暴力的な場合がしばしば見られます。

例えば、文明化が大幅に遅れ、漸く奈良や京都の都の成立により、文明化を迎えた日本社会は、比較的古代社会を色濃く残しつつ文明宗教である仏教と出会った。しかし仏教は前述のようにそれらの宗教（と呼べるか正確には問題があるが）との共存関係を維持しつつ展開する普遍宗教であったために、日本の古代信仰は現代に至るまで、その原初時代からの精神文化を強く維持できたのだと筆者は考えます。その点で、一六―七世紀のキリスト教の伝播時の九州、特に長崎あたりのキリスト教徒による神道や仏教の弾圧は、対照的です。一般にキリシタン弾圧ばかりが強調されますが、排他的一神教のキリスト教徒に一時期にしろ九州の一部では神社仏閣が破却され、信徒が追い立てられたりしたことは事実なのです。

いずれにしても、普遍宗教である仏教と民族宗教である神道（古神道）との不思議な二人三脚が、仏教の伝播と共に始まったのです。以下において、この不思議な日本的な精神世界の展開を、仏教を中心に検討しましょう。

日本・中国・インドの世界観

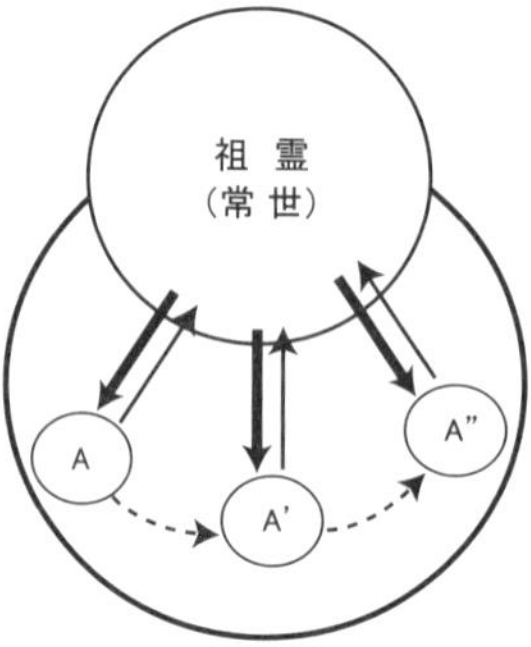

日本（混在）
不明確だが固定的な自我の
意識もある。 循環的

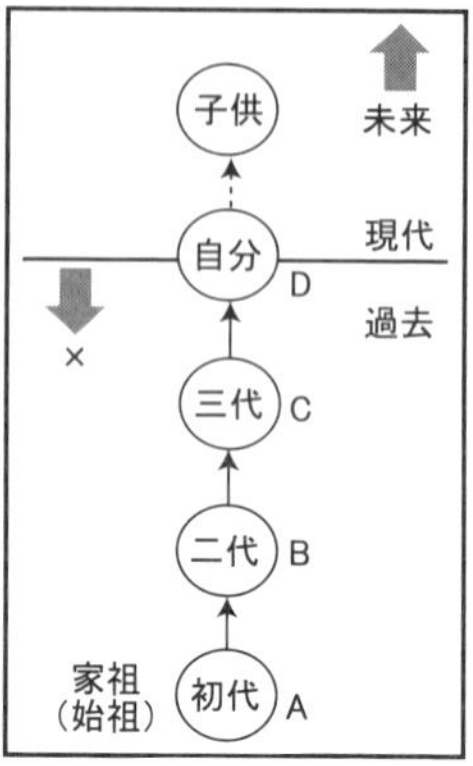

中国（直線的）
不可逆的で
それぞれの自我は固定・不変である

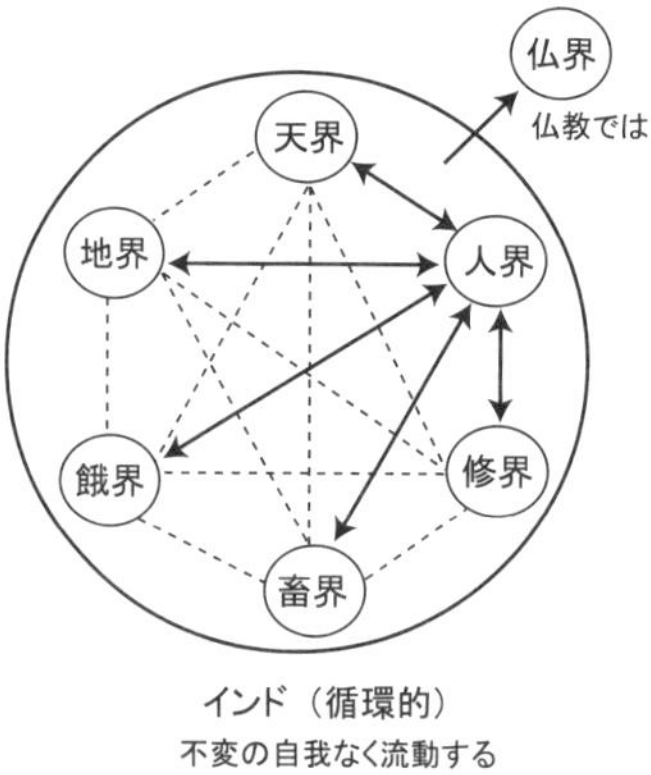

インド（循環的）
不変の自我なく流動する

（参 考）

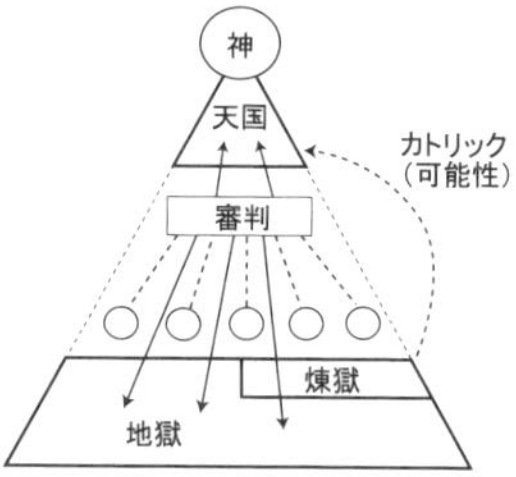

ユダヤ・キリスト・イスラーム世界の基本形

第二部

日本仏教の「救い」と「鎮め」

「鎮め」の形

はじめに

第二部は、日本的救済思想に関する考察を「葬送儀礼」を中心に据えて考察することを目的としています。特に、日本的な救済構造の象徴的な存在として、葬送儀礼、その中でも「戒名」を中心に考察したいと考えます。そこで、まず日本における葬送儀礼の一般論を概略し、その後戒名について基礎的展開を考えてみたいと思います。

先にも触れましたが、確かな葬送儀礼を実行したのは我々の直接的な祖先である新人が最初であるとされています。少なくとも、組織的で永続的つまり文化的な葬送儀礼を行ったのは、遺跡で見る限り新人の特徴のようです。そしてその理由は、新人の大脳の働きが過去・現在・未来という時間の流れを想定し、未来に仮想世界を想定するようになったことと関係があるようです。つまり新人は未来を予測し、それにあらかじめ準備をする能力を身につけたということですが、それが結果として死後の世界を作り出すこととなった、というわけです。一つの仮説ですが現在知られる遺跡の調査の結果から導き出されたものです。

そのように新人に特徴的な死別の悲しみや死後の世界への恐れなどが、結果として葬送儀礼を生み出した、ということも言えるでしょう。ですから、世界のどの地域においても人類は、死者を葬ることに文化的な意味づけを行うのです。それが他者から見て理不尽・不可解であってもです。

このような直接知ることのない世界を想定し、それに対して現存する世界と同様に様々な現象を想定する人間の知性を、当然ながら日本人の祖先も持ち合わせていました。その新人の子孫である日本人の祖先が、現在の日本列島にやってきたのは考古学的にいつ頃なのかは議論が様々にありますが、少なくとも一万数千年前には現在の日本列島のほぼ全域に日本人の祖先が、住み着いて狩猟採集の生活を送っていたようです。

また、縄文時代に入れば穀類ではないものの栗の木や樫（ドングリ）などを人為的に栽培し、比較的豊かな生活を行ったということも分かっています。この時代の遺跡には、青森の三内丸山遺跡などに見られるように、丁寧に死者を埋葬した事例がしばしば見出せます。

おそらく彼らには独自の生死観があり、死者を手厚く葬ったのでしょう。その際には伝統的な葬送儀礼が定められており、キチンとその儀礼が行われたのではないかと考えられます。

とはいえ、その具合的なことは殆ど分かりません。しかし、人間の文化の中で死に関する儀礼が一番変化し難いということもあり、その葬送儀礼は現在にまで形を変えたり、簡略化しつつも続いている場合もあります。特に、葬送儀礼は人々の生死観や宗教観、さらには自然環境や社会状況と密接に結び付くために複雑であり多様なものとなります。

そのような葬送儀礼を考察対象とすることは膨大な関連領域の検討や、歴史事例の考察が求められるのが一般的です。しかし、そのような厳密な考察だけが、葬送儀礼を議論する道とは必ずしも言えません。というのも、日本における葬送儀礼には、他地域のような基本文献も殆どなく、またそれを具体的に記録した文献も少ないからです。つまり、日本には葬送儀礼を貫くような文献などが乏しく、厳密な文献考証による資料検討だけでは、その形態を明らかにできないのです。とはいえ、そのようなものが全くないか、と言えばメルクマールになるものも存在します。その一つが第二部で扱う「戒名」の存在です。

所謂仏教の戒名とは、本来仏教に帰依し、その世界観を受け入れたものが証しとして、いただく、あるいは名乗るものです。その意味で、戒名は仏教者名ということができます。もちろん、この正式の戒名、つまり仏教者としての名を戒名、つまり、仏教者としての決意を表明し、仏教者として生きる事を誓い、これが認められた時に与えられる意味での戒名、つまり仏教者名なら、何ら難しい問題はありません。

それはキリスト教徒のクリスチャンネーム、イスラーム教徒のイスラーム名同様に解釈すればいいのです。つまり、キリスト教では保坂・トーマス・俊司とか、イスラーム教なら、保坂・アブドゥル・俊司とかなるわけです。で仏教では「勝満」（聖武天皇の戒名）「謙信」（上杉景虎の戒名）あるいは「信玄」と漢字二字で表すことが伝統になっています。しかし、これらの戒名は、形式は様々ですが、生前に本人の意思でいただき、これを自らも用いている点で、現在一般的な戒名、つまり死後「戒名」と呼ばれるものを亡者に与え、これを「戒名」と呼び、その後の葬儀一式や供養を行うという日本的葬送儀礼文化における「戒名」の存在をどう理解するか、ということです。

そこには日本人が長年の間に生み出した救済構造があったのです。この日本仏教に特有の葬送儀礼、その象徴としての「救いの装置」である戒名の考察は、従来余り本格的にはなされてきませんでした。そこで、第二部では、この戒名の歴史をたどり、仏教の歴史の中から検討してみたいと思います。その前に、仏教伝播以前の日本の精神文化について簡単に考察しましょう

5 古代社会の救いと癒し

1 日本宗教の原初形態

日本人の精神文化の最奥底にある宗教性を知る一つの手がかりとして、縄文時代の祭祀・葬送儀礼の研究は、傾聴に値します。その研究成果を少し紹介いたします。それに拠れば日本人は、古代から人間と神の存在を連続的に捉えていました。縄文時代の中期、千葉市の権現原貝塚遺跡では、早くも祖先を神と崇めてこれを祭り、村の繁栄を願ったといいます。日本古代史が専門の岡村道雄氏の復元研究（『日本の歴史』小学館）から考えてみましょう。

この遺跡は縄文中期末から後期にかけての百数十年維持された遺跡（大体紀元前一五〇〇年頃）だといいます。その葬送に関する部分によるとこの遺跡は、出自の異なる二つの小グループが合わさってできた小さな村落だったと考えられています。この村の構成員は一六人で始まりましたが、なかなか人口は増えなかったと考えられています。

この遺跡からは、いくつかの墓が発見されており、中には、幼くして亡くなった子供の再生を願う「埋め甕」がいくつかありました。この「埋め甕」というのは、子供の再生を願って、家の中に穴を彫り甕などに入れて埋葬することです。その風習は、出産が自宅などで行われていたつい最近まで、お産後の胞衣などを家の敷居や床下に埋めた風習として継承されている、と考えられます。

さて、この村はなかなか大きくならなかったので、「祖先の霊を集落の広場に合祀して集落の絆を深め、祖先に守られて新たな気持ちでこの難局を乗り切ろうと」、祖先の墓を新たに村の中央に合祀したようです。その合祀の仕方は「直径一五センチほどの柱を立て、杭の底に黄色い粘土を半分過ぎの深さまで埋めた。そして穴の周りに四つ叉に立てた細い柱を結び、尖って円錐形になった柱の上部には、簡単な屋根を葺きました。そして、一人分ずつ分けて運んできておいた骨を、柱の間から穴の中に、まず太い手足の骨から時計回りの方向にかさね井桁上に組み上げ、その後それぞれの隅に頭蓋骨を置いた。こうした所作を四回繰り返し、骨を積み上げる儀式を」行った、と推測されています。この時、村人全員が将来の繁栄を祈ったのでした。以後、この「開祖の合祀廟」は、長い間集落の人たちに祀られ、集落の中心的な役割を果たしたようです。

ところで、なぜこの集落が祖先を合祀しようと思いついたかというと、それは村に不幸が続いたからだと考えられています。そしてその理由ももとのリーダーの魂が現世をさ迷っていて、それが禍をしているからだと考えたらしいのです。この村の苦境を脱するためには、早くさ迷える元リーダーの魂をあの世に送ってやらねばならない。あるいは、その怒りや呪いを鎮めねばならない。そのために、まだ死んで一年ほどの元リーダーだけは、頭蓋骨や主だった手足の骨は、火にくべて焼き、悪霊となった元リーダーの魂を鎮めたのです。この時、悪霊となったと考えられた元リーダーの骨は、ばらばらにして埋葬され、魂を封じ込め、再生できないようにし、いわゆる祭り鎮めたのです。

この記述は、岡村氏が豊富な調査経験を基に再現した一種のドラマです。それ故に何処まで歴史的事実を再現しているのか、逆に言えば後代の風習が氏の遺跡解釈に紛れ込んでいるかもしれないのですが、しかし、この再現ドラマは、現在の法医学などを駆使しての再現ドラマなので、信憑性は高いはずです。

そうすると、我々は今から四〇〇〇年から三五〇〇年ほど前には、すでに祟り神あるいは後に荒御魂（悪霊）信仰と呼ばれる信仰の原形があり、またそれを封じ込めようと様々な儀礼が存在したことが分かります。特に、権現塚遺跡の事例のように、火葬の事例や屈葬と呼ばれる埋葬墓が各地から発見されていることを考えると、彼らが死者の魂が遊離しないように、この世に出てきて災いを振りまかないように、遺体に対して特殊な意味をもたせていたことが分かります。特に、体内に封じ込めるために手足を折り曲げたり、時には骨折させてまで折り曲げたりは、まさに死者の魂を遺体の中に封じ込めておこうとしていたかのようです。さらにご丁寧に腹の上辺りに鎮め石まで置いた例もあります。筆者は、日本のお墓にある墓石には、この鎮め石の伝統が基本にあり、さらに鎮魂儀礼のための魂の依り代としての役目がこれに加わったと考えています。詳しくは拙著『戒名と日本人』（祥伝社）参照。

ただし、詳細は不明ですが、この埋葬法の最も古い姿は、『魏志倭人伝』に見られます。それによると「其の死には棺あるも槨なく、土を封じて冢を作る。はじめ死するや停喪十余日、ときにあたりて、肉を食らわず、喪主哭泣し、他人ついて歌舞飲食す。すでに葬れば家を挙げて水中に詣りて澡浴し、もって練沐の如くす」という光景でありました。

これによると喪主や遺族は死者を悼み嘆き悲しむ。まさに慟哭します。一方まわりのものは対照的に、飲み食い踊る。それは死の穢れを外に出さないための「ハレ＝生」の空間への防御壁、境界を作っていると考えられています。これは一種の魂振り儀礼と思われますが、日本人の霊魂観、あるいは神観は、このように普通の人は神と祭り、祟り神となった人もまた、懇ろに祭るという二重性をもっていたようです。特に、後者は後代災いを惹き起こす神、いわゆる祟り神として恐れられる神の原型です。

江戸末の庶民の墓碑

2　稲作と葬送儀礼

　さてこの後、大陸文化を持ち込んだ弥生時代が続き、縄文の霊魂観は徐々に変化されたと推定されます。しかし、新しい葬送儀礼や世界観が入ってきたからといって、前のものが急激に変わってしまうわけではなく、徐々にそして、前のものが何処かで生かされているというのが、宗教儀礼の特徴です。特に、葬送儀礼の場合はその傾向が強いようです。

　ところで、古代において死穢を払い、これを鎮魂する役目を負っていたのが、遊部と呼ばれる集団であった、と仏教民俗学者五来重氏は考えておられます。彼ら遊部が、モガリにおいて崩れ行く遺体の傍らにあって荒魂を鎮め、また死の穢れを祓う役目を務めたと考えられています。その象徴的な存在は『古事記』に登場する天宇受賣命であると思われます。彼らあるいは彼女らがもつと思われていた呪力は、やがて仏教に取って代わられますが、その最初期においては、行基集団がこれを行い、さらに空也に代表される念仏聖、三昧聖に継承され、人々の魂の慰撫鎮魂や社会の安定に大きな影響力を持ち続けたと言われています。

　いずれにしても、彼らの役目は死者の穢れの浄化であり、また死者の慰撫鎮魂、そして死の穢れに染まらない呪力をもつことでした。その点で、彼らに取って代わった仏教は、仏教の文明力の表れともいえる救済思想、さらには金色の仏像や豪華な荘厳、そして壮麗な寺院建築さらには光明真言、念仏、そしてそれを行う聖たちが行う呪術的な儀礼作法に、まさに死を生と隔離する呪力が期待されたということができるでしょう。

さて、アニミズム的な再生儀礼によって、死者の霊魂が死体から遊離しないように閉じ込めようとした縄文人ですが、彼らは死者そのものへの忌避や死への恐怖心などは、それほど強くは無かったようです。だからその墓も特別のことが無ければ、生活空間の近くに作られることが多かったのです。

ところが、大陸の稲作文化が持ち込まれた弥生時代になると、支石墓と呼ばれる石を用いた墓が出現します。紀元前後のことです。この時代は中国や朝鮮半島ではすでに大規模な墓が築かれて久しく、日本でもそれを真似たのでしょう。そして、稲作を通じて定着した人々は、墓を作る余裕や祖先崇拝というような土地との連続性が生まれました。それにより、死者への哀悼の念が形を徐々に変化して来たようです。具体的にはこの頃から死者と生者は厳然と区別されます。

つまり稲作を主として定住した人々は、縄文の時のように自由に居住地を移動できないことから、つまり死を視界から隔離するために、自ら他所に移動するということができなくなったのです。そこで、村から離れた丘陵地ややや高い丘や台地に墓を作り、死者をまとめて葬ったのです。いわゆる、方形周溝墓と呼ばれる専用の墓場です。この形式は、三内丸山遺跡に見られるように死者を村の中心地やその隣接地に葬った縄文とは、明らかに異なる世界観によっている、とされます。おそらく大陸的な生死を分ける発想と、古代以来の生者と死者の未分離、あるいは斑的な混在という素朴な日本的生死観が未熟な形で融合し、ある種の混交状態を生み出していたのでしょう。その中で儀礼や遊部のような専門の儀礼を行う人々が生み出されてきたのでしょう。

3　古代国家時代の生死観

いずれにしても弥生時代には稲作を通じて大きな村が出現し、小さな国家とも言える集団も生まれました。それ故に、墓も墳丘と呼べるような大掛かりなものが生まれ、縄文時代と比べて人口も遥かに増加しました。つまり、人間が豊かになりある意味で生を謳歌できる環境が生まれたのです。そうなると、縄文時代のように死を常に意識しなければならない生活から、生を楽しむ余裕が生まれたのかもしれません。もちろん、それは前述の農耕社会文明期の宗教の段階に日本がようやく突入したということです。米を中心とする雑穀などの農産物を自給し、人間の努力で十分な食物が得られるという画期的な生活形態が、飢餓から人間を解放し、餓死の恐怖から日本人を解放、あるいは大きく軽減したのです。そこから生と死を峻別する世界観が強調されたのではないでしょうか？

つまり、死の世界が生の世界に対抗する形で確立された、ということです。その起源は日本にあるのですが、その形成に朝鮮や中国の先進文明の影響が大きかったことは、日本の神々の中に、明らかに大陸の神の存在を彷彿とさせる神が存在することから考えても明らかです。また、遥か後代に朝鮮半島から渡来して土着した宇佐八幡神や、新羅の神（新羅神社）などの外来神が、日本社会に違和感なく定着できたのも、そのような背景があったからと推定できます。

また為政者の権力が増大してくると墓も大規模に作られるようになりました。これは中国の殷墟における殷王の巨大な墓や秦の始皇帝陵に象徴されるように、死後の世界（黄泉の国）を現在の延長と考え、豪華に造営するという発想の模倣でしょう。

例えば、邪馬台国の卑弥呼の墓は直径が一〇〇歩もあり、奴婢も一〇〇人も殉葬されたといいますから、当時の日本の状況を考えると随分大きなものですし、殉死という中国的な葬法も伝来し、模倣されたようです。そして、仁徳天皇陵と考えられている大仙陵古墳に至っては、全長四八六メートル、高さ三四メートルもあります。その後も、大規模な墓が為政者によって作られ、その数は全国ではどれ程になるのか不明です。

一方庶民は、簡単な埋葬で暮らしていたようです。しかし、死生観は確実に変わっていったはずです。恐らく、墓の大小は別として、民衆も墓を死後の生活の場と考えるようになったのかもしれません。

しかし、庶民は大きな墓を作ることはできませんし、相変わらず土葬や風葬などを行っていたものと推定されます。もちろん、それは技術的な問題もあったかもしれませんが、やはり古代以来の日本的な生死観が大きく影響していたのだと推定されます。なぜなら、仏教が定着して久しい昭和の三〇年代においても、火葬はまだ農村部では一般的な葬法であり、これが九〇パーセント以上になるのは、日本の隅々まで都市化してゆく昭和四〇年代以降だとされます。

とはいえ、仏教式の葬法が徐々に普及していったことは周知の事実です。以下において、葬法を中心として火葬とその普及が日本人の生死観をどのように変えたのか、考えてみましょう。この間の事情はもちろん不明ですが、『古事記』や『日本書紀』から、その一端を知ることができるとすれば、以下のようになるでしょう。

4　古代の生と死の世界

日本の古代社会を想像する上で注目されるのは、有名なイザナギとイザナミの神話です。この神話は余りに有名ですが、よく読んでみるとなかなか興味深い内容です。つまり女性優先の社会から男性中心の社会への移行を表すと思われる前半の部分、さらにイザナミは次々に子供を産む、最後に火の神を産み局部を焼かれ、それがもとでついに死んでしまう。その前に、おう吐物などからも神が生まれる。さらに怒ったイザナギは、末の子供であるクガタチを切り殺してしまう。するとその血から神が生まれる。日本の神はこのようないわば汚物からも生まれたのです。神が完全無欠の絶対的な存在と考えられるセム的な宗教とは大きく異なる日本独自の神観念が、ここに見られます。そして、近代以降の国体神道の神とも違う神々がここに表されています。

さてその後、イザナギは、妻イザナミを偲んで滂沱の涙を流し、そこから生まれたのがまた神となる。ここには生と死の素朴な循環、あるいは連続性を見て取れるわけです。日本人にはあくまでも死は、生と直結する存在でした。ここはインドとも中国とも違う世界観です（九〇頁の図参照）。

さて、イザナミ女神は、いわゆる死の国に葬られます。いわゆる「黄泉の国」です。黄泉の国というのは中国の地下世界ですが、日本でもそれに倣って死後の世界をこのように言ったのでしょう。その死後の世界は、まさに腐乱死体の世界として描かれている仲睦まじかった妻の腐乱死体を見た夫であるイザナギは、余りの恐ろしさに逃げ出します。そしてこの夫の裏切りに怒る妻、そして決定的な別れが描かれています。

よく考えてみると、この物語は死にまつわる一連の日本人の感情を表しています。つまり、一度幽明境を異にすることになれば、どんなにいとおしい妻や夫、あるいは子供であってもそこには、忌まわしい腐乱死体があるだけ、という厳しい現実です。

この記述からは、穴倉のようなところに死体を葬ったという葬法が髣髴とされます。日本の各地に、横穴墓というのがありますが、あるいはそのような場所を思い描いていいのかもしれません。天照大御神の岩戸隠れの話は、そのような横穴墓の話かもしれません。もちろん、古墳の構造は、これを人工的に作っているとも考えられます。

ところで、イザナギの神は、死の国における腐乱死体という現実と、過去の記憶のハザマで苦悩しますが、最終的にはそこから逃げ出すわけです。つまり死体を自分からなるべく遠くに追いやる。少なくとも自らの視界から隠すという消極的対応です。しかし、ここには死の恐怖を解消するだけの人間の知的な営み、世界観、精神力ともいうべきものはありません。かろうじて死者以上に生者を生むという宣言だけです。そしてここに残るのは、死者であるイザナミのすさまじいまでの怨念です。後代の荒御霊と呼ばれる死者の怨霊への恐怖感を思い起こさせます。

『古事記』では、死の恐怖、これを死の「穢れ」と呼びますが、この穢れの克服は消極的とも思える清水などでの禊と呼ばれる儀礼です。それは宗教学などでいう類感呪術であり、水で汚れを落とすように、実体化された死を水で流すという反射的な行為です。

だから、死の穢れから古代の日本人はなかなか救われなかったはずです。古代人はいとおしい人の記憶と死という現実の間で、悩み苦しみ、怯え続けたのではないでしょうか?

そこで、モガリ（殯）というような習慣が行われたのでしょう。

5　殯と葬送儀礼

古代日本の奇習と言ってよいでしょうが、殯（モガリ）という葬法がありました。このモガリは風葬との関係があるようです。この風習は死人が出ると喪屋を作り、そこに遺体を安置し死を悼む儀礼を行うというものです。現在の通夜に相当する儀礼であると言われています。その儀礼は、いろいろありますが死後間もない段階では、各種の再生儀礼が行われます。例えば、魂呼ばいや、魂振りの儀礼であったりします。しかし、死が確定すると、葬送儀礼へと移行します。現在ではその期間は二四時間を境とするようですが、古代の大王（天皇）では、短くて数ヶ月、天武天皇のように二年以上に及ぶ長い期間続いた天皇もいました。その間、遺族は喪に服するわけです。

このような長い殯は天皇などの特別の人のみに可能ですが、遺族の感情を考えれば、長ければ長いほどいいとされています。ちなみに中国では親の遺体を家にとどめる長さで子供の孝養の深さが測られた時代もあったとされます。三年に及ぶことも珍しくなかったといいます。しかし日本ではそのようなことは、たとえ儒葬を模倣した水戸光圀などでもありませんでした。

いずれにしても天皇の殯は国家事業であり、これに失敗すれば最強の荒御霊となり、国家に災いが及ぶという信仰が古来よりあり、この天皇の力が強大であるほどこの殯も長くなったようです。しかし、殯は死者の異体の変化を目の当たりにすることになり、生理的なレヴェルからの恐怖心や嫌悪感を一層強くすることにもなりかねません。その象徴的な例は、『古事記』のイザナミの事例で検討したとおりです。あのような記述は、創造ではなかなか書けるも

皇族の墳丘

のではないので、恐らく皆がもっていた共通の体験でしょう。いずれにしても死者に恐怖すればするほど、葬法や埋葬には心配りがなされます。

この遺体を埋葬する墳墓は、六―七世紀を境に徐々に小さくなったとされます。従来の竪穴式石棺に代わって、横穴式石棺が普及し小さな円墳となっていったのもこの頃だそうです。六世紀と言えば大陸から仏教や先進文化が積極的に導入された時代であり、この時代に葬法や世界観に変化があったのかもしれません。

ところで仏教を推奨し七世紀初頭に亡くなった聖徳太子の墓は、円墳でありました。そして太子の葬儀は、高麗の慧慈が斎戒を施したとされますが、それ以上の仏教式色彩はなかったとも言われています。

しかし、徐々に主に仏教の影響でしょうが、死穢への恐れは緩和されていったようです。つまり、死後の遺体の損壊への恐怖や嫌悪というような感情レヴェルからの恐怖心に支配されてきた古来の葬法に、大きな変化が生まれた。新谷氏の指摘によれば、大化の改新の詔とほぼ同時に出された「薄葬令」だそうです。

つまり、殯や造墓、さらには副葬品に多くの富を費やすなという、政府から地方の豪族などへの命令です。この法令は天皇の庶民への思いやりの他、新しくできた律令制という中央集権国家の権力の誇示、押し付けという側面をもっていたらしいのですが、しかし、古代社会において政治は即宗教と直結していたので、単に権力の押し付けや、天皇の思いやりではなく宗教心は変わらないはずです。ましてや死後の世界に直結する葬法などの葬送儀礼ともなればなおさらです。

6 殯から火葬へ

ともあれ、古代社会の葬送儀礼に仏教の影響が明確になる時期、つまり仏教式の葬送儀礼の象徴としての火葬が導入されるのは、仏教東漸から一七〇年近くも経った七〇〇年の道昭の火葬まで待たねばならなかったのです。

尤も、その前に天武天皇の仏教振興政策に大きな意味があった、と思われます。つまり、天武帝は各地の役所に仏壇を設けさせ、これを礼拝させたり寺院建立を発願したりと、自ら開いた王朝の後ろ盾に、仏教を選びこれを奨励されました。しかし、その葬儀は、仏教式ではありませんでした。尤も天武天皇の葬儀に、仏教僧が関わったことは事実ですから、新旧併用ということだったのでしょう。仏教が天皇の葬儀に直接関連したことを記するものは、『日本書紀』の朱鳥元年の条の「諸僧尼、殯の庭に発哭（みね：悲しみを表し泣くこと）たてまつりて、……」とあるのが最初とされます。

スリランカの火葬風景
（中央の塔の中に死者が安置され、火葬される）

また、二年以上続いた天武天皇の殯では、「梵衆発哭す」という表現が二度あります。しかし、葬儀との関係は今一つはっきりしないのです。ところが、持統天皇になると殯は一年で、火葬が取り入れられます。そして持統天皇のお焼骨は、天武天皇の大内山陵に合祀されました。この稜は、鎌倉時代に盗掘されたそうですが、その時の記録によれば天武天皇の木棺と骨壺があった、ということである。持統天皇は、天皇経験者として初めて火葬を採用したのですがそれは七〇三年でした。

そしてその後四代の天皇が火葬になりました。つまり文武天皇(七〇七年没)元明天皇(七二一年没)、さらに元正天皇(七四八年没)です。新谷氏によれば持統天皇以後仏教の葬送儀礼への浸透が本格化し、持統天皇の葬送儀礼では実際に寺で設斎（おがみおもうく：経を読み、礼拝すること）が行われました。また一〇〇ヶ日法要も奈良の大安寺や薬師寺など四大寺で盛大に行われたようです。元正天皇の時には読経・写経など仏教的な儀礼も行われました。

そして仏教に深く帰依した聖武天皇は、東大寺の大仏を建造し、さらに自ら天皇在位中の七四九年に聖僧出身の行基から受戒し、さらに改めて鑑真和上から七五三年に受戒しています。その聖武天皇は、火葬であったという説と、土葬であったという説がありますが、いずれにしても仏教精神が、天皇という日本の政治的・宗教的な中心に深く入り込んで、その葬送儀礼まで変えてしまった、という点は大変重要なことです。

尤も、この時代の仏教は、まだまだ庶民に浸透するような段階ではなかったことも事実です。しかし、五来氏が指摘するように、民衆の葬送儀礼と深く関わった三昧聖たちの活躍は、この頃すでに大きなうねりとなっていたことも事実です。つまり、民衆の間に、仏教と民間伝承をアレンジした独自の宗教思潮が、生まれていたということも事実です。

というのも、当時の日本は、未だ死を合理的に処理できない状態であり、「薄葬令」の中の「凡そ、畿内より諸国に及（いた）るまで、一所に定めて収め埋めしめ、汚穢し処に散らし埋めることを得じ」という状態であったからです。このような死体氾濫を、合理的に処理するためにも、仏教の世界観や合理性、そして呪術力（仏教のもつ高い文明は、当時の人には強力な呪術力をもつと思われていた）に期待するところが多かったのです。

ただし、五来氏が指摘するように、従来の仏教研究は社会の上層部や権力者、あるいはその思想などの研究にとどまり、宗教の本質に最も関係する葬送儀礼を殆どないがしろにしてきたのです。それ故に、庶民レヴェルの宗教性も、それへの仏教の広がりも余り明確ではないのです。だから、民衆が仏教に何を求めていたのか、というような問題へのテーマが研究されてこなかったのでしょう。

そこに行基菩薩と三昧聖の存在がクローズアップされる理由があります。以下、葬送儀礼と仏教の関係、特にその象徴的存在ともいえる戒名について考察するのですが、その前に日本の仏教について、全般的な知識を見ておきましょう。

6 日本仏教の救いと鎮め

1 仏教の伝播と救い

インドで始まった救済宗教としての仏教の日本への公の伝来は諸説ありますが、五三八年（欽明天皇戊午年）とされます。この時のことを『日本書紀』は「是の法は諸の法の中に、最も殊勝れる。解り難く入り難し。周公・孔子も、尚し知りたまうこと能はず。この法は能く量りも無く辺も無き、福報果報を生し、乃ち無上たる菩提を成弁す。」つまり、仏教は非常に難しく、当時崇められていた孔子や老子、つまり当時最高の教えであると理解されていた儒教や道教の教え以上にすばらしい、と言っています。そしてその理由を、この教え、つまり仏教は「量も、質もまた限りも無い恵みをもたらし、最高に幸せにしてくれる」と言っています。

恐らく、当時の人々に、「無常菩提の意味」は、正確には理解できなかったでしょう。けれどもその教えのもたらす功徳が計り知れない、ということは古代の日本人には魅力的に聴こえたことでしょう。もちろん、この場合の「法」とは、決して現在の意味での法律とか、仏教におけるダルマを意味するのではなく、一種の呪術力、あるいは文明力というべきものと考えるべきでしょう。

それは、この仏教に帰依すると「譬へば、人が随意宝を懐きて、用いるべき所に逐ひて、尽に情の依なるが如く、此の妙法の宝も然なり。祈り願うこと情の依にして、乏しき所無し」と、言っていることからも明らかです。つまり、仏教を信ずると、まるで無尽の富を生み出す宝をもっている人が、必要に応じて富を使っても使い切ることの無いように、どのようなことを望んでも、この仏教の教えは叶えてくれる、と勧めています。

その証拠に、仏教は「且夫れ遠くは天竺より、爰に三韓に泪るまでに、教に依ひ奉け持ちて、尊び敬はずということ無し」という状況である、とも述べています。ここでは当時知られていたインドから朝鮮半島に至るまでの、全ての国で信奉されているという説明が加えられています。これほどまで広く信仰されている仏教の教えに帰依して、その功徳に日本も与かったらいかがですか、というわけです。

ではここで、功徳とは何か？　ということです。もちろん、経済財、政治的な安定などの文明的部分は当然として、やはり古代社会である以上神祭り、特に死者の鎮魂ということも現世利益以外に、当然含まれて居たはずです。

ですから守旧派の物部守屋が、蕃神（外の神：仏のこと）拝むべからずと反対したのです。その理由も、外国から新たに神を迎えると、古来からの神が怒って祟りを為すことを恐れたからでした。

ここで問題なのは、現在の我々が呪術や祈禱として、そこに非合理性を感じるものでも、当時の人々には我々の近代科学のような合理性や新鮮さを感じていた、ということです。例えば、日本人にとっての神とは、祭らねば祟るが、ねんごろに祭れば恵み深い神というものでした。また、当然ながら、古代社会における宗教は、死者への恐怖や死霊の存在の鎮魂などと深く結びついていました。

そのために、仏教のもつ圧倒的な文明力を用いて、人々の恐怖や畏怖、そして願望を従来以上に強い力で、制御しようと願ったのです。そしてそれは実現しました。いわゆる国家鎮護の仏教です。一般には、堕落した仏教のように言われますが、鎮護の意味はもっと深く考えられる必要があります。

もちろん、それはすんなりと行きませんでした。日本では、まず既存の宗教勢力がこれに反対し、蘇我氏の私的な信仰としてスタートしました。ところが、仏教を信奉したとたんに、日本に疫病が蔓延し、この仏像は、難波の堀江に流されました。その後、敏達天皇は仏教には興味を示さず、むしろ文史（道教など）を重用しました。

2　日本最初の出家者は女性、戒名は善信

この時、百済から再び弥勒仏などが送られてきたのです。そこで、天皇は蘇我馬子に下賜され、自宅を寺としました。そして、この寺の仏に仕えるために出家者を必要としたのです。ここに、日本人

の最初の受戒者が出現する。善信尼です。

この善信尼は、『日本書紀』では一一歳の少女です。しかし、『元興寺塔露盤銘』では、一七歳となっています。いずれにしてもこの少女が出家し、還俗僧であった高麗の恵便から受戒したのが日本人最初の出家者、戒名をもらった人だと言われています。しかし、これは仏教の正式な立場から言うと、出家には該当しません。所謂三師七証の原則に照らし合わせて、これは正式な受戒には当たりません。

つまり、正式な仏教の受戒は、先ず年齢が二〇歳以上でなければなりませんし、正式に出家を認められ受戒するには、三師七証と呼ばれる一〇人の出家僧の存在が不可欠だからです。もちろん、後に紹介するように、最澄が主張した大乗仏教戒から戒律意識は殆ど希薄になり、現在では、戒律は無きに等しいまでに蔑ろになってしまいました。しかし、この時代の戒律は本式です。したがって、善信尼が本当に尼さんとして認められるには、正式な僧が一〇人以上、最低でも正式な出家僧が五人いる大陸に行かねばならなかったのです。

実はこの善信尼、俗名を司馬氏、さらに正確に言うと大唐漢人、案（鞍）部村主司馬嶋（しま）と言いました。

また彼女に続いて出家したのも女性でした。つまり錦織壺の娘石（恵善）、夜菩（やぼ）の娘豊（禅蔵）でした。彼女たちは伝統的に古くから仏教を崇拝する渡来人でした。彼ら帰化人は、仏教を大陸から伝え、私的に信仰していたのです。

その代表的な存在が司馬氏です。善信尼の父達等は、蘇我馬子が百済からもたらされた仏像を祭るに当たり、修行者を探した時に自分の娘である嶋を出家させたのです。敏達天皇一三（五八四）年の事だったとされます。また、彼女は、崇峻天皇元年百済に出かけ、正式に得度し同三年の五九〇年に三年間の修行を経て帰国しています。

ここで問題は、少女が仏教の祭司者としての役割を担わされたという事です。これは日本古来以来の鎮魂儀礼の中心に女性、特に少女あるいは処女の女性が存在した、ということと関係があります。つまり伊勢神宮の采官も古くは女性でしたが、これは女性のもつ生殖能力を畏怖し、これを神に捧げる（古代においては実際に人身御供となった）伝統の残滓と言えるでしょう。つまり、嶋が出家させられたのは、その延長線上で仏教も考えられたということでしょう。

また、彼女の兄であるとされる司馬多須奈は、用明天皇二（五八七）年に、天皇の菩提を弔うために出家し坂田寺を建立したとされます。その僧名（法名）は徳斎法師です。記録に残る最初の男性出家者ということです。もちろん、これも仏教の伝統から言えば、正式な出家ではなかった、と考えられます。この場合は、主君に従って殉死した伝統として出家が行われたとも考えられます。いずれにしても仏教は、日本の宗教伝統の延長線上で理解されたという事です。

さて、仏教を篤く信仰した用明天皇は即位後、僅か二年で崩御されたのです。そして天皇崩御の直前に、多須奈が出家を申し出たことに、天皇は非常に喜ばれ感激されて涙を流された、と伝えられています。つまり、死後の魂の平安、鎮撫を彼が遣ってくれるという安心感を天皇はもたれたのです。ここからも仏教が何を期待されたかが分かります。

その後、崇峻天皇の時代には、再び百済から沢山の僧が来朝し、本格的な仏教興隆の時期がやってきます。それは取りも直さず、仏教が日本に根づき出す時期でもあったわけです。

もちろん、この時の仏教は、現在の仏教とは大きく異なることは言うまでもありません。なぜなら、仏教が民衆に直接浸透したわけではなかったからです。この時の仏教は、渡来人の間で信仰された異国の宗教であるか、皇室や貴族の一部で信仰された高貴な宗教だったからです。この時の戒名は、当然出家修行者の存在を前提にしていました。

仏教は蘇我氏を中心とする新興の勢力を背景に急速に日本の中枢に浸透してゆきました。そして、歴史的には仏教と既存の宗教である神道との間に、政治的、感情的な対立が生じました。もちろん、それは仏教からのものではなく、神道を奉ずる人々の側からのものでした。

いずれにしてもこの時代、仏像を守る尼僧は、日本古来の神道の神を祭る巫女同様の感覚で、考えられたようです。

この時代になると、各豪族は仏教のもつ高度の文明力に、大きな呪術力を期待し、盛んにお寺を建てるようになります。そして、氏族や部族の祖先の霊を祭るための寺がいくつも作られました。つまり、仏教はその高い文明性の故に、強い呪術力をもった宗教として、日本に取り入れられたのです。

特に六世紀末より朝鮮半島から恵聡等仏教関係者が多数渡来し、高度な仏教文化をセットでもってまいります。いわば仏教文明の来訪ということになります。これを推進したのが聖徳太子です。

3　本格的仏教と在家主義

聖徳太子によって官民上げての仏教受容政策が採られます。聖徳太子（五七四―六二二年頃）は仏教を高麗の慧慈に習い、教養として儒教や中国の古典などの外典を覚哿に習いました。太子は、広い教養を背景として、仏教を受容されました。太子は四天王寺をはじめ法隆寺を造営され、仏教を国家の礎とされ、「篤く三法」を敬いましたが、自らは在家者として出家されなかったのです。しかし、在家の信者として、行を積んでおられたので何がしかの受戒めいたことはあった、と考える事ができます。ちょうどインドのアショーカ王のような立場であったのでしょう。また、太子の目指した仏教は、国家管理の仏教で、インドのように、仏教が民間の存在という感覚は少なかったようです。

しかしこの時点での仏教は、まだ部族の繁栄や祖霊を祭る素朴な祖先崇拝の新しい形として、日本に定着してゆきます。特に、祖先霊の鎮魂に、威力を発揮する神と考えられていたようです。

そのような事情もあり、推古天皇の三二（六二四）年には、僧八一六人、尼五六九人合計一三八五人の僧尼が、日本に存在したとされます。ただし、一体誰が授戒したのか、またどのように授戒式を行ったのか不明です。恐らく、この僧の中には、純粋な仏教信仰によるというより、経済的な利益を追求するもの、そして後の行基につらなる死者の供養（遺体処理）などを行った後の三昧僧のような種々雑多の僧が含まれていた、と考えられます。

4　戒を受けない僧侶たち

先にも触れたように、初期においては日本に仏教が入っても、それは仏像や経典であり、本格的な戒律は十分には入っておりませんでした。ですから日本に本格的な僧は殆ど居なかった。しかし、祖先供養や死者の魂の慰撫のために、仏教は急速に受け入れられて行きました。したがって、形ばかりの僧が多数生まれました。もっとも当時の政府は、この僧の存在に頭を悩ませました。そこで大化の改新（六四五年）の時に僧侶を管理する制度を整備します。また、七〇一年の大宝律令や七一八年の養老律令において「僧尼令」が出され、僧や寺院の国家管理体制が確立します。

そして、僧尼の数もその行為も完全に国家管理の対象となりました。なぜなら僧尼には生活費が支給され、税金も免除されたからです。ですから、その見返りに僧尼になることは厳しく規制されました。また、一旦僧尼となっても非行、特に戒律違反となる行為にはしる僧尼への管理は厳しくなりました。

また彼らの不正を取り締まる僧尼の監視役である僧綱が置かれました。以来、僧には官吏としての階級、つまり僧正、僧都、法印大和尚等々の階級がさだめられました。この僧尼の階級化は、本来の仏教の精神とは相容れませんが、歴史的には名称も位置づけも変遷しますが、今日まで続く僧の階級制度です。そして、このような僧尼の階層化が、実は現在の戒名にも少なからぬ影響を与えています。

仏教という聖なる空間に、世俗の価値を持ち込むという習慣です。だからその延長に、この僧侶の階級を金銭で買う、また戒名という仏の救いという本来極めて個人的な問題を、金銭で買うという発想が生まれるのです。ともあれ、日本の仏教は、国家主導で本格的に定着しました。そしてその完成は聖武天皇の東大寺の大仏建立であり、高僧鑑真和上の来日であったのです。

この鑑真和上の来日こそは、日本の戒律史の重大事件でした。和上は、天平勝宝六年に六度目の渡航でようやく日本に至ることができました。なぜ和上がこれほどまでに来朝にこだわったかと言えば、日本への正式な戒律の伝法の意思があったことは当然であるとして、それは聖武天皇の懇願があったからでしょう。

というのも、五回の難破にもかかわらず和上が来朝を断念しなかったその背景には、和上の意思と同時に、やはり経済的な支援が不可欠であったと思われるからです。

戒律を守るタイの僧
（お金は持てずジュースは人々の布施でいただく）

5　聖武天皇の受戒

鑑真より早く、七三六年にインド僧のボダイセーナ師や道璿（七〇二—七六〇）、林邑出身の仏鉄が来朝しました。しかし、この時正式な授戒に必要な僧の人数はそろわなかったようです。

そこで仏教に非常に熱心であった聖武天皇は、まず日本的な受戒を行基から受け、本格的な受戒は、鑑真和上来朝直後の七五四年に、東大寺大仏殿の前に築かれた戒壇において再び受けたのです。というのも、和上は法進・思託など正式な出家僧一四人、尼三人、優婆塞二四人でやってきたのです。ここに初めて正式受戒を行える一〇人以上の僧侶がそろったということになったのでしょう。

この時、聖武太上天皇以下、孝謙天皇を含む四〇〇人余の人々は、和上によって優婆塞の五戒並びに『梵網経』の説く菩薩戒が授けられた、と考えられています。

ところで聖武帝は、天平二一（七四九）年の一月一四日などいくつか説はありますが、行基からも戒を受けていたのです。現役の天皇が出家するという出来事は、大いに衝撃を以って受け止められたらしく、その記述をぼかしたり、ずらしたりしておりますが、『扶桑略記』では、天平二一年一月一四日に「平城中島宮において、大僧正行基に請いて、その戒師となさす。太上天皇井戒を受け、勝満と名づく、中宮（宮子）受戒して徳太と名づく、皇后（光明子）受戒して万福と名づく。……」となっています。この時の太政天皇という記述は、疑問がもたれています。なぜなら聖武帝はこの時はまだ現役の天皇で、この年の七月二日に孝謙天皇が即位して天平勝宝元（七四九）年となり太政天皇になるからです。ともあれ、聖武帝が受戒したことも一大事ですが、実は皇太子であった後の孝謙天皇である阿部内親皇も受戒しておりました。その戒名は法基でした。

先に触れたように、天皇の戒師が行基であった、ということが実は、大きな意味があったのです。というのも、行基は所謂官僧つまり、国家公認のエリート僧の出身ではなく、したがって当時の官寺で受戒した僧ではなかったのです。では何かというと、後に三昧聖と言われる民官僧の出身でした。いわゆる私僧です。もちろん、途中で、薬師寺で出家の儀式はしています。その行基は東大寺の建立に、弟子や民衆を動員して功績が大でした。そのことが、後代まで東大寺と三昧僧などの葬儀と関わる人々との深い結びつきを生み出したのです。そこに東大寺大仏の宗教的機能が見出せます。

6　民衆の仏教と戒律

さて、従来の仏教研究は、経典、思想そして政府機関としての役割、あるいは建築美術工芸関係の研究が中心で、五来氏のような葬送儀礼からのアプローチは多くありませんでした。したがって、仏教と民衆の関わりや意味が、今一つ明らかではありませんでした。

しかし、ここに民間の仏教僧の存在に着目した視点を組み込むと、日本仏教の二つの流れが明らかになります。つまり、官僧としての輸入仏教、あるいはエリート仏教、これに対して恐らく六世紀初頭までには、主に朝鮮半島からの移民によって仏教は民間人、特に渡来系の民衆に信仰されていたはずですが、このような渡来人の間から、所謂葬儀に関わる仏教者が伝来し、それが三昧聖と呼ばれる集団を形成し、民衆に葬送儀礼や救済活動を通じて仏教信仰やその文化を浸透させていったというのが、第二の仏教の姿、民衆の仏教の姿です。

そして、この殆ど歴史史料に現れなかったけれども、日本社会への仏教の浸透に大きな役割を果した三昧聖のホープが、菩薩と呼ばれ、官僧としては最高位の僧正に上った行基でした。

しかし、行基はそのはじめは私僧、つまりもぐりの僧として朝廷から弾圧の対象でした。『続日本紀』には「小僧行基并に弟子等、街衢に零畳し、妄りに罪福を説く。朋党を合わせ構えて、指臂を焚き剝ぎ、……。輒（たやすく）病人の家に向い、詐りて幻恠の情けを禱り、……」という風に紹介されています。

行基の集団は、七〇一年に発行された僧侶の国家管理令である「僧尼令」の外の集団、非公認集団であり、政府はこのような団体が増える事を警戒していました。指や肘火をつけたり、皮を剝いで燃やすというような荒行を行い民衆の心を捉え、また病人や死者を供養し、吉凶を占う民間仏教団体の存在を非合法化したのです。そしてその頭目が行基であった、ということです。彼らは一種の危険集団ですから、養老期（七一七―七二三年）には、弾圧の対象であったのです。

恐らく彼は、民衆から離れた国家仏教に対して、民間信仰を取り入れながら、当時としては穢れとして忌避された葬送儀礼に関与しつつ、仏教の基本である民衆救済行に邁進したのでしょう。

そしてその存在が民衆の支援を受けて大きくなると、国家としてこれを認めざるを得ずついに七三〇年には、彼に従う優婆塞・優婆夷の一部を出家僧として公式に認めることとなるのです。そして、前述の天皇への受戒ということになるのです。

ではなぜ、行基はこのように大きな力をもち得たのか、ということですが、それは官制仏教とは別に、民衆の間に仏教が普及していた、ということだとされています。というのも仏教は、公式の伝播以外にも、大陸系渡来人によってもたらされ、移民の多かった畿内では、六世紀頃から順次民衆の間に信仰されていたからです。なぜなら仏教は、高句麗に三七二年に伝播し、また百済にも四世紀から五世紀のはじめ、新羅にも公伝で三七二年ということで、ここからの沢山の帰化人が来ているので、仏教は彼らと共に日本に入ってきたはずだからです。ですから、彼らを通じて仏教は、民衆に広まっていったのです。

このような二つの仏教の流れが、東大寺の大仏建立という一大事業によって統合されたのです。恐らくそうしなければ、大仏建立というような大事業は完成しなかったのでしょう。七五二年に聖武帝の悲願であった大仏は完成いたします。七四二年の発願から一〇年の歳月がかかりました。

先にも触れたように、この東大寺の大仏の建立に大きな力を発揮したのが、実は聖武天皇の戒師行基とその弟子集団だったのです。このことは、後に鎌倉時代にも、また江戸時代の東大寺の再建の時にも、三昧聖や葬送儀礼関係者の集団が、東大寺再建に大きな役割を果たしたことの先例となっています。

以上のように、日本における仏教の定着は、戒律による精神的な鍛錬とその結果としての精神的な悟りというような高度に宗教的なレヴェルではなく、死者の霊魂の慰撫鎮魂やその延長とも言える呪術的な除災・招福の儀礼にありました。

そのために、一方でその文明力の高さ故の魅力と、他方で死者供養の宗教として取り入れられました。この二つの流れが、日本仏教の底流に常に流れていることは重要なことです。日本仏教を理解する上でも、また戒名を理解する上でも重要です。というのも両者は実は、日本古代においては根源的に同様であるからです。

いずれにしても、日本の仏教は戒律というような、宗教の本質よりも、死者供養や呪術力を重視してきました。ですから、戒律についてもかなり緩やかに考えていたようです。その様なところに現れたのが最澄です。

7　最澄の戒律革命

さて、戒の問題、つまり救いの方法で、革命的な転換を図ったのが日本の最澄でした。つまり、インドの伝統的な小乗戒は、中国の禅宗によって実質的に改変されていました。中国における禅宗の清規は、僧侶に労働（寺院内が中心であったが）が課せられていたのです。

そしてその流れに乗ったと言うべきでしょうか、最澄は大乗仏教発生以来の教えと戒律のねじれ現象解消のために革命的ともいえる、大乗戒、つまり菩薩戒を主張しました。最澄は、この大乗戒設立のために、最晩年の多くを費やしましたが、その許可が降りたのは死後のことでありました。尤も、最澄が大乗円頓戒壇の独立を主張したのは、折角朝廷より年分得度者の枠を貰っても、結果として独自の戒律をもたないと、僧侶として一人前と認められず、結果として奈良の大寺院に、その年分得度者を取られ（というより叡山を見限って出て行ってしまう）てしまう、という現実があったためだとされています。

事実、大同二（八〇七）年から弘仁九（八一八）年までの一二年間の年分得度者の二四人の得度者のうち、叡山に残ったものは一〇人のみで、死亡者や事情があって山を降りた二人を除く一二人は、奈良のお寺に立ち去っているのです。そのうちの一人に空海と最澄の中を決裂に導いた、泰範のような学生もいました。

最澄には折角独立させた叡山を何とか独立させねばならず、そのために叡山での授戒式の確立が不可欠であった、という事情もあったようです。しかしそれをするには、独自の戒壇院（授戒する場所）をもうけなければならなかったのです。しかし新しい戒壇院を作るということは、当時の出家得度が国家資格でしたから、既存の戒壇院との調整が不可欠となります。つまり、すでに小乗二五〇戒を授ける場所があるのに、新たに違った戒律を与える戒壇院を作るには、それなりの必然性と手続きが不可欠であったということです。

一方最澄にしてみれば叡山を天台宗の総本山として独立させるためには、独自の戒律観念、儀礼が不可欠でした。最澄は大乗経典において大乗仏教菩薩戒を説く『梵網経』による大乗菩薩戒による受戒式、いわゆる菩薩戒の授与を必要としたのです。

しかし、最澄の主張する戒壇院建立の運動は、インド・中国・日本という仏教一二〇〇年の歴史を覆すほど大きな意味をもっていたのです。彼の主張には、大僧戒いわゆる小乗二五〇戒と、在家信者である菩薩戒十戒、あるいは『梵網戒』等の大乗戒を同等とする、という革命的な意味があったのです。いわば西洋に於けるルターの宗教改革に匹敵する仏教の根本改革でした。

尤も、日本の仏教のあり方は、本来の仏教のあり方からすれば、かなりずれていたことも事実です。つまり、僧侶の国家管理（僧綱：そうごう）という制度そのものが、本来の仏教から見れば不自然でしたから、その意味で日本の仏教の姿ははじめから変形していた、ということも可能です。

そもそも、僧侶の国家管理は、六二四（推古二四）年の僧尼令に始まるもので、その基は唐の僧鋼制度にありました。いずれにしても、日本のように一種の官吏として僧を国家の監視の下に置く、ということは他に余り例の無いものと言えます。そのように仏教や僧侶のあり方を国家管理したために、仏教の驚異的な発展・普及がもたらされたとも言えますが、その一方で僧侶が宗教性を磨かなくても、経済的安定を得られるために、結果として僧の規律の堕落を招いたのです。日本仏教には、はじめから戒律が緩む素地があったということです。

その弊害を嫌って遷都した桓武天皇、その寵愛を受けた最澄の大乗戒壇設立運動は、在る意味で必然的なものでした。それ故に、最澄の主張は重視され、ついに叡山における戒壇院の開設は、許可されたのです。しかし、それは、最澄の死後のことでした。もっともこれも結果として仏教の国家による管理の変形です。

8　ルター的宗教（戒律）改革者最澄の主張

最澄は、先のような経済的な理由もあって大乗菩薩戒の独立をまず、『天台法華宗年分学生式』において宣言しました。その際、彼は一九歳の時に東大寺戒壇院で受けた大僧戒二五〇戒を破棄し、改めて『梵網経』に定める大乗戒を自ら受け、これを弟子にも授ける事を宣言しました。そして、そのための大乗円頓戒独立の許可を朝廷に願い出た、というわけです。

さすがに、この主張は朝廷でも困惑したようで、南都の高僧たちに、その処遇を尋ねています。というのも、最澄の主張は、天台宗で独自の戒律を制定し独自に授戒するというもので、その主張そのものは本来の仏教、つまり出家者の集団として世俗権力から距離を置く、仏教教団本来の姿に合致したものであっても、仏教初伝以来の国家主導の仏教制度を根底から崩すことにもなりかねない、大きな問題を孕んでいたからです。

この時の最澄の主張は、『顕戒論』において、国家から許可された二人の年分得度僧を、最澄の膝下において修行できるようにして欲しい、という要求に顕著に現れています。つまり、国家公認の僧である年分得度（たとえて言えば、国家から給料がもらえる）僧は、現代的に言えば一種の国家公務員であり、その行政権は奈良の僧綱が握っていましたが。この七世紀来の制度を止めて、天台宗に割当てられた二人の僧は、比叡山に住み、天台宗独自の修行を、比叡山独自の方法で行いたい、というものです。この主張を突き詰めてゆくと、教団の国家からの独立という事に行き着きます。これは僧の国家管理制度を採ってきた朝廷にも、またそれを実質的に担当してきた奈良の大寺の僧綱側の高僧たちにも、大きな脅威でした。そこで、奈良の高僧たちは、次のように反論しました。

つまり、最澄の言う大乗戒、つまり菩薩戒は、所謂小乗戒である大僧戒から見ると、在家信者用の菩薩戒であり、正式の戒律とは認められない、というものです。この答えでは、先に紹介したように、大乗仏教を信奉する大乗仏教徒として独自性を戒律の面からも主張できないという欠点があり、最澄の主張を根本から拒否できないものでした。

この論争は、いわば伝統主義か理想主義かの問題であり、政府の機構としては、現在の政府でも議論されている大きな政府か、小さな政府かという問題でもありました。

しかし、最澄の主張はインド以来の仏教の戒律と教えの捩れ現象を解消する、という画期的なものであったので、誰も理論的には反対できませんでした。そして、ついに最澄没後、藤原冬嗣や良岑安世などの尽力で、最澄の要求は認められることとなったのです。考えれば、俗人が宗教の根幹に関する戒律の問題に最終決断をする、というのは宗教的にはおかしな事ですが、そこが日本的な点でしょう。このようなわけで朝廷による僧侶の国家管理の制度は崩壊しました。以後、出家得度は、実質教団の専有事項となったのです。

こうなると戒律の問題は、自由裁量となり、もともと戒律というシステムに不慣れで、しかも無頓着な日本人は、戒律を守ろうという意識を急速に失ってゆきます。そして、その先に非僧非俗を主張し、自ら妻帯した親鸞やその後継者たちの出現となるのです。また、宗教の専有事項に国家が介入し、これを決定するというスタイルも、この時に確立されたとも言えましょう。つまり、戒律の問題は、国家の介入するべき問題ではなく、純粋に仏教教団の専有事項であるにもかかわらず、このような問題に国家が介入する、ということは、近代の初頭、明治五年に「肉食妻帯かってたるべし」とした太政官令と軌を一にするものでした。

もちろん、日本人が戒律のような自制を好まなかったということではなく、日本人には独自の自己コントロールの伝統があったということです。それは、戒律のような特定の人が行うエリートのものというよりも、皆が日常生活で実践してこそ、意味のあるものというものでした。実は、この現実主義的な発想こそ、現在の戒名に連なるものなのです。そして、その道筋を開いたのが最澄の大乗戒壇運動だったというわけです。つまり、戒律の一般化、大衆化がここから始まったのです。

そのために、戒律はエリートのみに行えるインド以来の厳しいものではなく、誰でもいつでも行えるようなものになってゆきます。まさにルターの「万民祭司」を先取した教えということです。そして、ここにこそ現代の日本的戒名の源があると著者は考えています。

ですから、民衆仏教を打ち立てた鎌倉仏教の始祖たちが、天台宗から殆ど出てきたのは、ある意味で当然の帰結でした。というのも、天才空海は戒律に関しては保守的で、民衆の宗教参加という視点では、伝統的な立場であったのです。彼はあくまで、エリートとして民衆を救う立場を堅持しました。

7 戒名と救い

1 戒律より救いが重視された

一度、国家管理という箍が外れた仏教界の戒律軽視の気運は、大乗戒の理念を先鋭化する形で展開しました。

特に、出家者の優位を説いた小乗戒の否定、あるいは超越は、いわゆる在家者の成仏、つまり俗体のままの成仏を積極的に認めることとなったのです。また女人成仏についても、それを一層確かなものにしました。もちろん、このような安易ななし崩し的な動向に対して、道元のような理想主義者は強く反対しましたが、悟りが成仏に言い換えられ、同等視されるような仏教界においては、厳しい修行の果ての得悟という教えは、敬遠されるばかりでした。何事にも極端や徹底を嫌う日本人の曖昧とも、またおおらかともいえる気風は、僧侶にも戒の遵守を厳しく求めなかったし、また僧侶もそれを望まなかった、ということは事実です。

そのような状況の中から、日本的な逆修回向、逆修戒名・没後作僧のような思想も生まれたのです。日本人は、行に重きを置くという厳しさに欠けている一方で、あるいはそれ故に理念的な思想に容易に転換できるという特技があります。

以下では、戒名の成立に関係のある、逆修という思想を中心に考えてみましょう。

2　救済仏教の論理

仏教は、本来円環的時間論、所謂輪廻思想を基礎としています。ですから、人間は死ぬと生まれ変わるということになっていますが、それでもいつ生まれ変わるかは、分かりませんし、如何に生まれ変わるかも分かりません。そこで生前にキチンと修行しないと、あるいは善行を積まないと良い来世が得られないことになります。これを上座部（小乗）仏教では、善行を積みつつ、輪廻を繰り返して徐々に上のランクに上昇することを説きます。

その際、飽くまでも行為の主体者が、善因善果・悪因悪果ということで、その報いを受けるのは当事者でした。尤も、インド宗教一般には、祭式万能主義の思想の影響で、功徳を父母や兄弟というような肉親に振り向けることができる、という発想は存在しました。そしてその思想の一旦は、原始仏教のお経にも見出せますが、飽くまでも中心は、自業自得でした。その意味で、輪廻思想とはいえ業は直線的思考です（九〇頁参照）。

ところが、大乗仏教になると、自らの善行を他者に振り向けること、いわゆる回向という考えが強調されます。この回向は、原始仏教やインド宗教における回向対象である父母兄弟などの少数の特定者ではなく、一切衆生というような不特定多数者であり、抽象的、あるいは観念的な相手です。

特に、日本では僧侶が厳しい修行によって積んだ善行を、法要などを通じて死者に指し向け、その結果死者は修行者と同様の功徳をもって冥土で遇される、という思想が強調されました。ここに日本的な様々な供養形式の根拠を求めることができます。

3　回向と修行の二者択一

むろん、このような回向の考え方の基は、インドにあるのですが、これが日本で普及するには、それなりの精神的な土壌が存在しました。同時に、日本的にかなり独自のアレンジもされています。そして、その精神的な土壌の最深部に、日本古来の人間観があることは否定できないでしょう。つまり、人間を神の子孫、少なくとも神に連なる存在と認識する楽天的な思想である。

というのも、仏教では人間は罪業を背負った存在として認識されており、それ故に人間は出家・修行して、清らかな存在として悟りを開き、ついには輪廻の世界から抜け出る、即ち解脱する事を教えるわけです。同様に、キリスト教も、イスラーム教でも人間は罪深いもの、あるいは不完全なものと認識されています。だからこそ、神の救いが必要ということになるのですが、日本の宗教は、そのような思想をもたず、端から人間は救われているという位置づけなのです。

そのような楽天的な発想が抜けきれない日本ならばこそ、厳しい修行や禁欲というような、人間存在の根源レヴェルの否定は、肌に合わなかったのではないか、と考えられます。いずれにしてもそのような修行は、極わずかな人にやってもらい、その功徳をいただこうという発想が、現在の戒名成立の大きな動機ともなっているのです。

つまり、最澄を通じて日本に於いてゴータマ・ブッダ以来の戒律を、小乗戒としてそれを否定、少なくとも捨て去り大乗戒に取り換えてしまうというような路線変更を難なくやり遂げられた背景には、日本ならではの人間観があることは確かです。なぜなら、日本のような戒名の制度（没後作僧・もつごさそう）は他に見られないからです。

いずれにしても、このような思想の飛躍が、考え出されるということ自体に、日本的な傾向が認められるのですが、さらに言えばこのような飛躍が、一般に受け容れられるにもそれなりの理由があり、また仏教側の理論化があったのです。

4　天台本覚論と戒名

その典型が、これから紹介する天台本覚思想です。

この思想は、具体的な現実における諸事象を絶対とみなして、これを絶対肯定するという思想です。

つまり、眼前に広がる現実の姿こそ、永遠の真理の姿であるとする思想です。この場合、永遠の真理は、事物の背後にあるのではなく、また現象界を幻想、幻と位置づけるような消極的な発想でもありません。現実こそ真理が顕現した真実そのものが姿を現したもの、という考えです。

この考えは、本来的には非常に哲学的に深く、かつ高い思想性をもっています。つまりインドでは、絶対的至高の存在としてブラフマンを想定します。そしてその存在は、真理（サトゥヤ）と言いますが、これは人間の感覚では捉えることのできない抽象的な存在、一種の原理です。ですから人間にはその存在を、直接見たり、聞いたり感じたりすることはできません。そのような抽象的なものを人間が見たり、聞いたりと認識するためにはそれ相応の具体的な方法が必要となります。それで考え出されたのが、化身という考えです。化身は、普遍が特殊になって、有限な人間の感覚でキャッチアップできるように、具体的な形を摂ったものということです。これが筆者の言う一元的多現論の宗教・絶対一神教の特長です。

そのために日本でも如来や諸神が、具体的な形を摂って沢山描かれたり、造られたりしました。これらは化身または権現と言います。これらは全て普遍が特殊、無限が有限、形無き真理が特定の形をとって現れる、という思想に基づきます。しかし、この時点では、真理と具体的な事物、たとえて言えば仏や神という抽象的な存在と、それを表したとする仏像・仏画、神像などは、仏・神と同一ではありません。後者は飽くまでも、前者の仮の姿でという位置づけです。

ところが、インドにおいて紀元前後に成立したとされる『華厳経』の思想などに、個物の中に普遍が内在する、という思想が大きな力をもってきます。つまりこの世界は一つの法という秩序によって成立する世界でありますが、その世界の個物もまた夫々のうちに無数の世界をもち、その一つ一つは、互いに真理を内包する存在である、とします。しかも、最初の世界と個々の世界は互いに他を含み合う、というのです。

一見矛盾的な発想ですが、簡単に言えば世界は全て真理の表れである、という考えです。それが、七世紀頃からインドに起こった密教によって一層、強調され、現実こそ真実である、というような思想を説くようになります。

そしてその密教は、インドから殆ど直接的に日本に輸入されます。もちろん、途中で中国を経由しますが、密教は中国では根づかず、密教の直接の伝法者は、インド人の不空三蔵（七〇五―七七四）から、恵果阿闍梨（七四六―八〇五）を通じて、空海（七七四―八三五）に伝えられ、さらに、天台宗の円仁（七九四―八六四）、円珍（八一四―八九一）等がこれに続き、この密教が、日本仏教の基礎を築きます。実は、このインドの最後の仏教の形式である密教が、日本仏教の基礎になっている、という点も日本仏教の特徴です（一三八頁図参照）。

一般には加持祈禱の仏教、国家鎮護の仏教とやや否定的に見られますが、密教の思想性は高いのです。この密教は、空海のみならず、天台宗の円仁や円珍らによって一層強められて、基本的には日本仏教の背骨を形成しています。

しかも、この密教は、その教義の基礎に、最高の存在でありかつ抽象的な存在である大日如来が、直接形をとって現れるとする思想を根本としています。以下、全ての存在は、具体的な象徴によって置き換えられる、あるいは表されるという思想をもっています。

ところが、複雑で高度な思想体系や、煩瑣な宗教儀礼に支えられたこの密教思想が、徐々に日本化、民衆化するにつれて、本来の思想性は敬遠され、単に置き換えの論理で、世界を認識できると考えるようになります。こうなりますと、従来の仏教思想、つまり真理は表せない、真理は長い修行の末に知ることができるもの、というようなこともなく、現在こそ、悟りの成果であるとか、遥か彼方にあった仏の世界も、この世に引き寄せられてしまいます。全ては、現実肯定の思想に急速に姿を変えてゆきます。

5　衆生も神仏である

そこに生み出されたのが「相即の思想」と呼ばれる天台本覚思想です。この思想は「生死即涅槃」「煩悩即菩提」「梵聖不二」「生仏一如」という言葉で表現される思想となります。この思想は「徹底した現実肯定」となります。いわゆる密教的な哲学に支えられた高度な思想なのですが、その一方で日本の古代信仰に近い部分をもっています。

つまり、全ての存在がそのものに於いて尊い、真実を表している、という教えですが、それは全てに神を認める日本の古代信仰に通じます。これを人間で考えると、一人一人が掛け替えの無い尊さをもっている、ということになります。しかも大乗仏教では、一人一人の人間には、仏性という悟りの基、あるいは仏の可能性があると教えます。これが本覚思想ということなのですが、この思想が強調されると、次のような飛躍が起こります。

つまり、人間（生物も同じなのですが、人間が上等です）は本来悟りの可能性を根本にもっている尊い存在である、しかし、諸々の生活の中で、汚れてしまっている、その汚れを落とせば、純粋な仏性のみが残り、それが顕となる、というわけです。そこで、仏教の修行が大切となるわけです。

その修行の長さは、大乗仏教では数劫（非常に長い時間、一説には四方約四キロの岩が、一〇〇年に一度舞い降りてくる天女の羽衣で磨り、その結果、減ってなくなるまでの時間をいう）と言われる気の遠くなるような修行が必要とされます。

インド　中国　日本の仏教と民族宗教の関係比較図

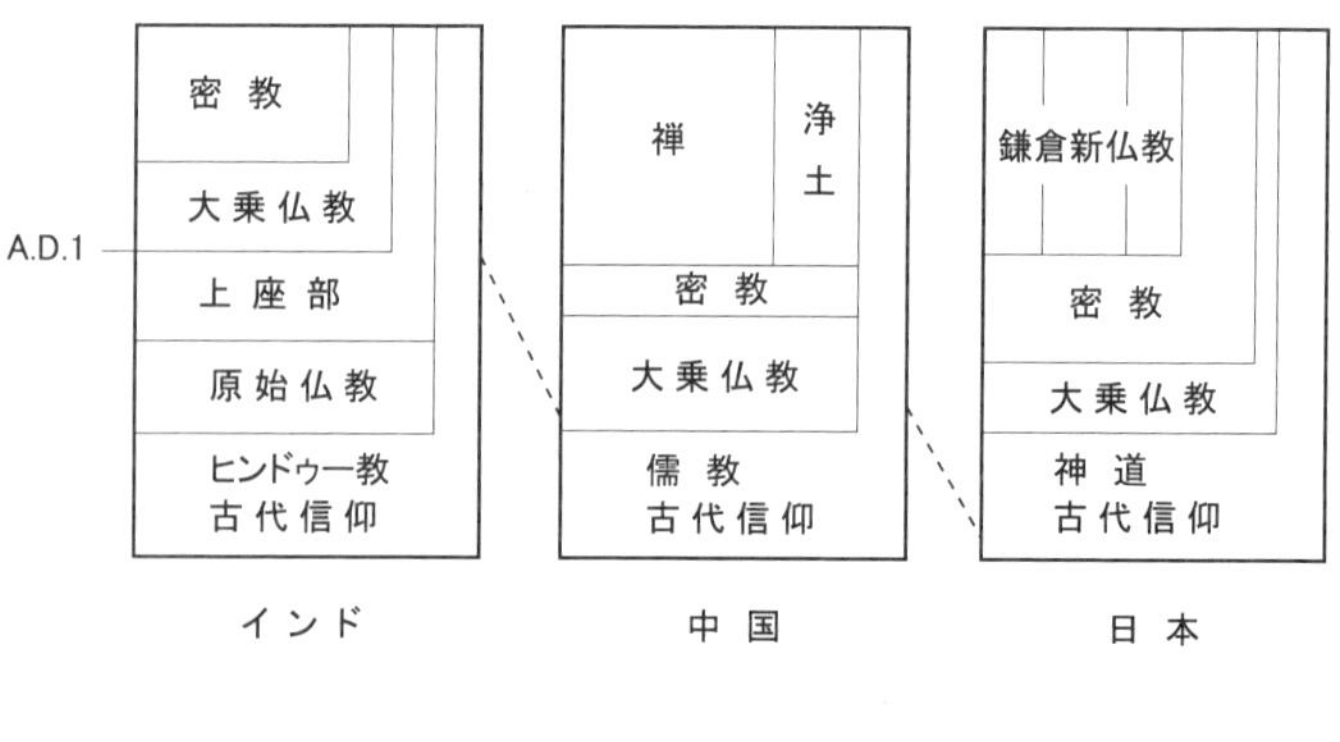

大乗仏教は多分に理念的・空想的ですので、このようなとてつもないたとえ話を考えるのですが、これを現実と捉えれば一般の人間は、絶望します。そこでというわけではないのですが、大乗仏教の発展形である密教では、これを簡単に超えることができると教えます。

それが加持力です。一種の呪術力、神秘力ですが、いずれにしても一瞬にして数劫の時間を越えて修行が完成するというバイパスの発想がここに生まれました。日本の仏教は、実はこの密教を殆どの宗派が基礎としています（前図）。ですから日本人の仏教は、仏教の最終段階である密教的なバイパス思想が、その根底にあります。だから厳しい修行や戒律を行わなくても、一瞬で悟りが開ける、あるいは仏と一体化できる。つまり救われるという考えに到達することができる、ことになります。このように考えると、人間は本来仏性をもっているのであり、それは修行して悟りを求めなくても、密教的な儀礼をやれば、たちまちのうちに悟りを得られる、ということになってしまいます。

もちろん、その儀礼を行える資格を得るためには、非常に厳しい修行が本来は課せられたのですが、日本的な安易な発想、なし崩し的な発想で、その修行さえ殆ど形式化、あるいは短期間のものとなり、いわば誰でも簡単な儀式を実行するだけで、悟りや救済が得られる、ということになります。そしてその儀式も形式化、簡略化して普及させるというのが、日本のやり方です。今日でも、日本人は何でもコンパクトにして、優れたものを作りますが、思想もその傾向が見出せます。ここに、易行道を追求し、実現した日本仏教の特徴があります。

ここまで来ますと、もう何でも来いという感じです。しかも、現実における個々の存在がそのまま真実を表すという思想は、「いかなる存在も具体的なものによって代替できる」という発想を生み出します。そうしますと、人間の霊魂のような抽象的な存在も、より具体的な個性をもち、しかもその抽象的な存在が、木や石というようなより具体的で、身近な存在によって代替される、という思想を生み出します。これは日本古来の神や霊魂の思想や、その神や霊魂が具体的なものに寄り付く、憑依する、つまり依代という具体的な存在で、神や霊魂という象徴的な存在を表すことと通じ合い、共鳴し合います。

このような高度な思想性と体系性をもった密教と、日本古来の素朴な霊魂観が、共鳴し合って形成されたのが、救いの補助装置・バイパス思想を支える戒名や墓標、位牌というような文化です。

ですから、日本文化を考える時には、密教的思想を基礎にしなければならないのです。そして、この密教と日本古来の思想が融和した形態が、神仏習合思想でありその典型が天台本覚思想なのです。

もちろん、この思想もまた一般民衆の中に入るとまたまた変化します。特に、本来密教思想がもっていた、儀礼を通じて現実を理想の状態に変化させることができるという呪術的な発想、つまり、儀礼を通じて自らあるいは人々の願いを、思いのままに実現できるとする考え方は、民衆の素朴な現世利益の求めや来世での安心や救済をも可能にすることとなりました。

こうなると厳しい修行は基本的に重要性が著しく減退します。そうすると、修行の基本である戒も律も形骸《けいがい》化します。特に、肉食・妻帯の禁止というような仏教の戒の基本路線が、否定されることとなるわけです。その典型は親鸞ですが、親鸞のみならず歴史的には少なからざる僧たちが、妻帯していたらしいのです。それでも殆どの場合は構いませんでした。なぜなら、理論的に日本仏教は大乗仏教つまり在家主義ですし、本来仏教は戒律を守るか否かは、自らの責任だからです。もちろん、他者を説得するだけの修行を積むには、戒律も大切な手段でしょうが、理論的に自己責任です。

そもそも人間は仏を内蔵するもの、つまり本来仏と同質なのですから、これがさらに仏と同一とみなされる思想の飛躍を見るまでには、そう時間は必要としませんでした。現代でも死者を「ホトケ」と呼ぶことがありますが、その用法の遠源はこのような所にあるようです。

8 救いの日本展開

1 来世観の形成

日本仏教の特徴の一つとして、ゴータマ・ブッダ以来の伝統的な戒律、つまり正式な僧侶として名実ともにそれを示す、宗教規範に対する軽視の思想があることはすでに述べました。もちろんそれは、日本人の性格によるのみならず、当時の仏教思想が現在のようにゴータマ・ブッダの存在を歴史的に知ることができるような状況ではなかったという点も原因としてありました。つまり、戒律であろうが、お経であろうが全てのものは皆釈尊のものという立場で、お経を理解していましたから、最澄のように戒律を大乗仏教的に変えることは、理論的には全く問題はなかったのです。

というのも、当時仏教は「五時の教判」がなされていたからです。それに拠ればゴータマ・ブッダの説教は、方等部として低い時限の説法となります。そこから段々に民衆の理解が深まるに従って説く内容も深め、最後に『法華経』が説かれた、というのがこの五時の教判の説です。

最澄はこの説に則って、戒律も大乗戒律にするべきである、と主張し実行しました。それはそれで理屈の通ったことでした。しかし、ひとたび原則が破られると、出家の作法、戒名の取得の意味や意義も根本的に変化してしまいました。もちろん、経典は全て仏の説が立前です。つまり、歴然とした歴史的な積み重ねによる無言の圧力があって、最澄まで続いて来た伝統的な小乗戒の儀礼が捨てられると、戒律の原則が非常に緩く解釈されるようになるのです。

加えて、平安期を通じて浸透した仏教は、修行を通じての自律救済の仏教から、仏による他者救済の宗教へと変貌していきます。その結果源信の『往生要集』や一〇世紀頃から盛んに信仰された『十王経』によるあの世の光景の明示がなされます。つまり､恐ろしい地獄の世界やあの世の旅路が、ヴィジュアル化され人々に信仰されるようになるのです。そうすると、人々はその恐ろしさから抜け出すための手段を仏教の様々な儀礼に求めました。そして、生み出されたのが逆修儀礼です。この儀礼はもともと中国にあったもののようですが、日本でも非常に盛んとなりました。詳しくは一六四頁以下を参照していただきたいのですが、まさに偽出家ともいえるこの逆修儀礼、逆修戒名の出現こそ、現在の没後戒名（順修戒名）という発明の源の一つと言えるでしょう。

この逆修儀礼は、『往生要集』や『十王経』によって示された、あの世に生きながらに訪《おもむ》き、死後受けるべき責め苦を儀礼の中で受けて、それまで犯してきた罪科を償って帳消しにしてもらい、新たに生まれ変わるという儀礼です。その時に俗人よりも僧侶の方が、あの世では顔が利くといいますか、原則僧侶は戒律に則った生活をしているので罪を犯さない、という原則を担保していますので、僧侶の格好でこの儀礼を受けます。

そうすると二重に地獄での責め苦は軽減される、という誠に都合の良い理屈で、この逆修儀礼は行われます。ですから、逆修儀礼を行った人は、出家者とみなされますので、その時に戒名をいただきます。それが逆修戒名です。

しかし、この戒名が逆修と言われ、本当の出家と区別される理由は、彼はこの儀礼を行った後も、在家同様に家にあって前と変わらない生活をする、ということです。ただ一つ変わる点は、出家姿であるということです。一般にこれを「入道」と言います。清盛はその代表です。彼は重篤な病を得た五一歳で逆修し「浄海」となり健康を回復しました。その後は周知の如く政治を行い戦いと権謀術数、さらに色恋にと俗人の生活をほしいままにしました。しかし、一度死んで罪科は晴らしているし、形ばかりは出家得度もしているとし、まさに身も心も清らかに世俗生活が送れる、というわけで伸び伸びと人生を楽しみ、しかも死後は僧侶として特権的に往生できる、という設定になっていました。

このような虫の良い儀礼は後白河法皇（一一二七—一一九二）も同様です。ここまで来るともう、受戒の意味もずいぶんと変形してしまいます。その後、この逆修儀礼は罪作りな生活を強いられる武士にも引き継がれ、はるか後の戦国時代の武田信玄（一五二一—一五七三）や上杉謙信（一五三〇—一五七八）などもそのご利益を求めました。因みに、信玄の俗名は晴信、謙信は景虎です。つまり、我々は逆修戒名で彼らを理解しているのです。

何とも、おかしなものですがこれが、没後に戒名を与える「没後作僧」儀礼の原型の一つであることは間違いないでしょう。なぜなら、庶民には大変な費用のかかる逆修儀礼は行うことができませんが、それに近い没後の出家なら、何とかできるからです。さらに、もう一つの重要なことは、この逆修儀礼を支えていたのが、日本独自の信仰形態である修験道でした。

この修験道は、まさに仏教の戒律や儀礼を自由に寄せ集め改変して、独自の世界観・宗教観を作りました。その基本は、生死の繰り返しを自由にコントロールする、という発想です。

彼らは仏教の用語を多用しますが、その内容は異なる点が少なくないのですが、しばしば両者は混同され日本人に都合の良い解釈が生まれ、厳しい戒律は徐々には軽減されて行きました。

その結果、各種の儀礼や卜占がまかり通ることになるのです。しかし、そのような行為も、民衆には救いとなり、仏教と修験道は互いに影響し合いながら、民衆救済のために大きな役割を担いました。

2　日本の本流となった軽戒

最澄以後の日本仏教は、僧侶の戒律の位置づけという視点で見ると二つのグループに分かれます。つまり、いわゆる伝統的な戒律に従うグループと、比叡山において主張された菩薩戒（円頓戒）に従うグループです。具体的には、前者が南都の伝統仏教各派、および真言宗であり、後者は天台宗です。

いわば少数派であった戒律改革派であった天台宗でしたが、その天台宗から、鎌倉の庶民仏教が出現したことで、日本の仏教の戒律の考え方は大きく変化してゆきます。つまり、戒律という伝統の箍を緩めた天台宗から、民衆救済者としての多くの宗教家が出現しました。鎌倉新仏教の始祖たちです。もちろん、親鸞以外は、皆実際には、厳しい戒律を実践していたのですが、精神的には民衆の側に向いた宗教家でした。つまり、戒律というエリート意識を緩めたために、民家へのアプローチが容易となったということでしょう。

一方、真言宗は、伝統的な僧の戒律に手をつけなかったために、真言僧たちは直接民衆へのアプローチを主眼にすることはせず、宗教儀礼である加持祈禱に専念することとなりました。それ故、真言宗は基本的に僧侶と民衆の距離を縮めることができなかったようです。その代わり、高野聖と呼ばれる民間宗教家の活動が活発となり、日本中に死者供養の場としての高野山の信仰を植えつけました。

しかし、彼らはあくまでも僧侶とは異なり、高野山の僧たちのいわば下請けであり、天台宗から出現した民衆に直接働きかけた僧たちとは、立場が異なったのです。つまり天台宗では、小乗戒を捨てて大乗戒、つまり利他行を主とするための菩薩戒を主張したのですが、その真意は先にも検討したように、形式にとらわれない仏の教えの実践、つまり利他行の実践にありました。

分かりやすい例を示すと、以下のようになります

3　女性を助けると戒律違反となるか？

ある女性が川を渡れず川岸に佇みぼう然としていたとしましょう。彼女はどうしても川を渡らねばならなかったのですが、橋もなく流れも急で渡ることができずに困っていました。そこに二人の僧が通って来ました。事情を聞いた一人の僧は、気の毒であるが戒律で女性に触れることができない、といって女性を助けて川を渡ることを断りました。なぜなら、女性を助けて川を渡るためには、彼女を背負わなければならないからです。

しかし、一方の僧は、「それはお困りでしょう」というとさっと女性を背負うと、川を渡りきり、何事もなかったように道を急いだ。この僧に、先の僧が「あなたは戒律を犯した」と、その行為を責めると、例の僧は「困っているものを直接救うのが仏教の教えである。大乗の理念は利他行なのだから、当然である。むしろ、自らの修行のための戒律遵守にこだわり、困った人を救えない仏教の教えでは意味がない」と言ったというのです。

まことにそのとおりです。仏教特に大乗仏教の理念は、修行としての戒律を守ること以上に、他者を助けることが重視されるというのが、大乗仏教の教えであり、最澄の改革運動の理念でもありました。もっともこの物語は、実によくできていてそのとおりですが、その一方で現実には、僧以外にも女性を助けることのできる人は出現するし、自ら守るべき戒律を守りつつ、女性を対岸に渡してあげる術は、いくらでもあるのです。

ところが、日本人はこのような単純化した設定で、戒律を守る、つまり基本的なルールを守ることよりも、現実を重視することを好むのです。いわばこの現実重視のプラグマティズムこそ、日本仏教に多様な葬送儀礼や葬具の多様性を生み出した要因であった、ということではないでしょうか。

4　法然の宗教改革

最澄が目指した大乗仏教の理想をある意味で、現実のものとしたのは法然であり、その弟子の親鸞でした。特に戒律の破壊、あるいは超越と云う意味では、親鸞が最も思い切った存在となります。

末法思想を期に急速に広まった浄土信仰、欣求浄土の信仰は、政治的には古代律令制、経済的には荘園制の崩壊というような大きな社会不安のうねりの中で、貴賎を問わず人々の心を捉えていました。

この浄土信仰の特徴は、先にも触れたように仏教の救済構造を大きく変えた点でした。もちろん、浄土思想は古くからインドにありましたが、特に極楽浄土に往生し、そこで修行するという浄土教の教えは、インド的というよりもペルシア的であり、中央アジア的でありました。というのも浄土教の代表的な経典の中には中央アジアでの成立とされるものもあるからです。さらにそれが中国で変化します。

この浄土教が説くところでは、修行による自己の救済は基本的には難しく、ひとえに阿弥陀仏による救済を願うことで人々は救われる、と教えるのです。この教えの意味する所は、明恵上人が指摘したように、究極的には修行による自分自身の努力よりも、阿弥陀仏という存在による他者救済の構図となっています。

これは中国や鎌倉以前の日本では、多くの仏教の流れの一つでしたが、法然上人が出るに及んで、浄土教がもつ救済型宗教（キリスト教やイスラーム教のように、絶対的な救いの神による救済）の本質が剝き出しになりました。つまり、口称念仏という仏の名を唱えることで阿弥陀仏に救ってもらえる、あるいは阿弥陀の浄土に生まれることができる、という教えの構図です。

これはキリスト教的な発想に共通するもので、仏教とネストリウス派キリスト教との何らかの習合関係によって成立したのでは、という指摘もあるくらいです。筆者としては、イランのゾロアスター教との関係も深いと思っています。ともあれ、浄土教で阿弥陀仏の慈悲を強調すればするほど、信徒の努力への評価は小さくなってゆきます。つまり、弥陀の救いを信じて念仏すれば、それだけで阿弥陀仏が救ってくれる、というわけなので特別な修行、ましてや苦行のようなものは必要としないわけです。もちろん念仏も修行ですが。

こうなると、最澄以来の菩薩戒さえ不要となり、唯阿弥陀仏の救いを信じるのみで救われるというような極端な教えが成立します。それが法然（一一三三―一二一二）から親鸞（一一七三―一二六二）、そして一遍（一二三九―一二八九）の路線です。

この路線では、修行を必要としないという建前なので、定められた戒律などの規則やルールは不要となります。唯信じれば、そして念仏を唱えれば後は何もしなくてもよい、ということで戒律の遵守などは極端に言えば無用です。そのために、戒律に定められた修行の実践を不要とした浄土教系の宗派では、基本的に戒名を死者につけない。その代わり、仏の教え、すなわち仏法を信ずるものとしての名、つまり法名が与えられる、ということです。浄土宗・浄土真宗で現在戒名と言わず、法名あるいは法号というのはこのためです。

5　民衆のための戒の放棄

但し、法然は一切の戒律を無効としたのではありません。というのも法然は、大原問答と呼ばれる討論において、南都の学僧たちと議論した中で「末法の世において、下品下生の民衆が、救済を得る道は阿弥陀仏にすがるしかない」と言ったのであり、救済（悟り）に自信のあるエリートたちの自力の道を否定したのではない、と自ら述べています。

法然は「念仏は易しいから民衆の誰でもが、これを通じて仏の救いを得ることのできる方法である。一方、念仏以外の教えは、難しいので一般の人は実行できない。もし造寺・造仏が救いの方法なら、あるいは高い学識や才能が救いの条件なら、また戒律をきっちり守ることが救いの条件なら多くの民衆は、仏の救いを得ることができない。このような人々を救えない仏教では意味がないのではないか。

この点を哀れんで阿弥陀仏は、称名念仏という誰でもできる簡単な行為で、救われる（往生という）ようにしてくださったのである」と言っています。このように地位も、財も、知識や智慧も乏しい一般の人々が仏の救済を受ける手段は、従来の日本の仏教には乏しかったことは事実です。しかし、現実社会はこのような人ばかりです。

そこで、このような人を救うため阿弥陀仏の慈悲で、念仏での救済の道が開かれたのであるというわけです。もちろん、インドのように輪廻思想が理解されていれば、民衆は徳を積んでやがて僧に生まれ変わり修行し悟る、つまり救われる、という方法で納得できます。しかし先にも言ったように、日本人はインド的な輪廻思想は信じていませんので、この世で何とか悟りたい、救われたい、少なくとも救いの確証を得たい、と考えました。しかし、厳しい修行も余りしたくない、というのもまた一般的な日本人です。そこに、念仏のみで救われるという教えが入ってきたのですから、日本人が放っておくはずがなかったのです。ここには、修行という考えはなく、ただ救われたいという民衆の願いに答えたものでした。

6　阿弥陀仏は絶対救済者か？

事実、ゴータマ・ブッダ以来仏教の中心的な対象であった修行者、つまり宗教エリートによる悟りの仏教は、阿弥陀仏による救済の宗教へと大きく転換することで、民衆の間に急速に広まります。その転換が、仏教の慈悲思想の延長にあったことは重要です。つまり、紀元前後以来の西北インド、あるいは南インドで隆盛した慈悲を重視する大乗仏教の教え、つまり利他の教えは、釈尊以来の自力宗教としての仏教の伝統と基本的な方向が、逆方向にあったということです。つまり、本来の仏教は自ら修行して悟るという構図であり、大乗のそれは他者のために修行する（利他行）という構図でした。もちろん、回向・輪廻思想では他者への慈悲が自らの修行にもなるということですから、慈悲を与える側と慈悲を受ける側は、結局は同じという理屈になっています。

この救済論、世界観、修行論の転換が、慈悲の権現のような阿弥陀仏を生み出したか、少なくともその存在を強調しました。浄土教は阿弥陀仏の救いを信じて身を任せることを基本とする仏教ですから、阿弥陀仏は救いに関しては絶対的な力をもつ仏というわけです。

つまり修行は阿弥陀様の前世である法蔵菩薩がやってくれたので、民衆はその功徳を信じて阿弥陀を信じれば足りるという教えです。この救済型の仏教が中国で大きなうねりとなり、いわゆる浄土教を生み出したのです。しかしその浄土教は、中国においてはまだ仏教本来の自力修行道の大道を破るものではなかったのです。

ところが日本に来ると、戒律軽視の日本仏教、特に浄土教で救済型仏教の仏教本来の姿が、明確となるのです。つまり、救い主への絶対帰依による一方的な救済論となるわけです。こうなれば人間の修行の意味は小さくなり、その結果修行の基本精神であり、ルールでもある戒律（授戒）の意味は小さくなるわけです。理論的には、戒律の意味さえなくなるのです。いわばキリスト教における神の救済と信仰のような関係が、仏教において成立するのです。もちろん、浄土教では仏になるのではなく、阿弥陀仏の極楽世界に生まれること、これを往生と呼び、極楽において人々は修行に専念する、という形で修行論を先送りすることで、仏教の修行論との折り合いをつけようとします。

しかし、現実に修行の手段をもたない一般の人々にとって極楽往生は、まさに宗教的目標です。だから往生のハードルは低ければ低いほど喜ばれたし、簡単であれば簡単であるほど現実的です。これこそ全ての人々の救済という釈尊以来、仏教がもとめ、特に大乗仏教が目指してきた宗教の理想でした。つまり、修行に専念することもできず、また戒律に定められた諸々の罪を犯さずには生きてゆけない現実社会で懊悩する人々にこそ、仏の救いはあるべきである、という考えです。

では、具体的にどうしたらそれを可能にするのか？　その方法を法然は、善導の『観念法門』「百即百生」という言葉から思いついたとされます。つまり、称名念仏です。こうなると、修行はいらない。ただただ念仏の一言（法然はその繰り返しの

役者寺の本尊
（阿弥陀仏を中心に塔波（民の魂の依り代）が導かれる）

行を推奨・親鸞は一言で良いとしました）で救済される、往生できるというわけです。この安易とも思える易行道は、瞬く間に巷間に広まりました。

しかし、法然の弟子も法然の教えを受けながら僧侶としての生活を捨てることはなかったのです。彼らは、民衆にとっては宗教指導者として、やはり浄土教の布教者であり先達でした。民衆は彼らの教えに身をゆだね、往生を願ったのです。もちろん、口称念仏だけで往生できるとしても、そのやり方は様々です。例えば尊観は「仏のはからいでたとえ一度でもよい、阿弥陀仏を信じ、口称念仏をすれば往生は決まる」と説きました。

いずれにしても、彼は僧形で、自らは戒律に従った生活を行いました。法然の弟子の中で、ただ親鸞だけは、僧を捨てました。つまり法然が唱えた戒律の理想は、彼自身によっては実践されなかったが、弟子の親鸞によってさらに一歩進められたのです。

7　親鸞が悩んだわけ

親鸞は法然の弟子とされる集団の中で最も若い弟子の一人でしたが、建久二年の口称念仏宗への弾圧の時に、越後に流罪となりました。というのも当時の念仏者の中には「悪人とても一度念仏すれば、すべて平等に救われる」という浄土教の教えを逆手にとって、悪事を働くものや、阿弥陀仏を一念に信ずる余り、既成の宗教的・社会的権威を否定するものなどが出て、宗教的混乱のみならず社会的混乱を引きおこしていたので浄土教関係者は弾圧を受けたのです。

法然が浄土の教えを説いていた頃、親鸞は煩悩との闘い、彼の場合は性欲の抑制ということであったようですが、その克服のために悩む日々を送っていました。親鸞はもともとさしたる宗教や動機があっての出家ではなく、当時の貴族の家督相続者以外の子弟がたどる当然の道として、本人の意思とは無関係に九歳で出家させられたのです。

ですから法然のような鮮烈な無常体験があるわけでもない平凡な貴族の少年が、階級社会そのものの比叡山の僧侶社会に絶望するには、そう時間がかからなかったでしょう。彼は伝統の修行に意味を見出すことができず、さりとてそれを捨てることもできず悶々としていたとされます。つまり修行を通じて性欲や権勢欲などの煩悩を断ずることに意味を見出せなかったし、さりとて逆に僧侶の中で栄達を願うような野心もなかったのでしょう。いわば世俗的な意味でのまじめな青年であったわけです。

それでも彼は宗教世界でしか生きられないという矛盾を抱えていたのです。彼は人間が本来もつ煩悩をなぜ絶たねばならないのか？　という根本的な問いを発し、煩悩をもったままの悪人（一般人のこと）であるこの身での救いの可能性を求めて、浄土教の教えに行き着いたとされています。

親鸞は悩んだ末に比叡山を降り、洛中の六角堂に一〇〇日間の参籠を行います。すると九五日めに、救世観音が現れ、煩悩に苦しむ親鸞に「行者宿報にてたとえ女犯（戒律違反で、女性と交わること）すとも我玉女となりて犯されよう。一生の間、よく荘厳（努力して）、臨終に引導し（自ら導いて）極楽に生ぜしめん」というお告げを与えました。

これが有名な六角堂の夢告です。親鸞はこの救世観音のお告げによって戒律を捨て浄土教信仰一筋に生きる決心をした、とされます。事実親鸞は叡山に見切りをつけ、その年に法然に弟子入りしています。つまり、彼は戒律生活を放棄し、非僧非俗の世捨て人になったわけです。日本的意味で出家者ということになります。

今で言えば、東大の大学院を退学して、私立大学に入ったようなものでしょうか。時に、このエピソードで重要なことは、親鸞が女犯、つまり性欲の問題で苦しんで、このような夢を見たのではない、ということです。戒律では念想としての女犯の罪は、懺悔等で済まされるレヴェルものです。また、本当に女性との生活が送りたければ、僧侶を辞めれば何の問題もないことです。

8　親鸞は民衆の目線で戒を捨てた

親鸞が苦しんだのは、妻を娶り家族を養う庶民、これを悪人と言っている、がどうしたら彼らが仏の救いを得られるのか、その点を彼は問題にしたのでしょう。これはある意味で日本のみの疑問です。なぜなら先にも触れたように、仏教の基本は輪廻思想であり、輪廻を繰り返す中で、庶民であろうといくらでも修行を積むチャンスはあるからです。

ところが、日本人は基本的にインド的な無限連鎖の輪廻思想はとりません。キリスト教ほどの誕生から死までの一回切りの世界観を取るわけではないですが、それでも生まれから死までを人間の一生とし、その後は新たに生まれ変わる、生まれ浄まりまっさらな人生を送るとされる。だから、死に装束や結婚式では、白を着るのです。だから、どうしてもこの世で来世のめどをつけたがる、だから庶民の救済、という視点も大きな意味をもつ。そのような民衆を救うのに、「彼らも次の世で修行すべし」という思想は、受け入れられないことになります。

そこで現世救済の立場が強くなるわけです。そうなると、彼らを救うための直接手段や世界観が不可欠となる。そしてそのためには、従来のような民衆とはなれた寺院での生活では不可能である、ということになるのです。しかし、本当の宗教家であれば、民衆の救済をおいて他にはない、ということも事実です。民衆の目線で民衆を救う理論を教え、そしてそれを実践する行者が不可欠となります。そのような行者が聖であり、親鸞も浄土教の聖として家庭をもち世俗にまみれて、なおかつ民衆を救うことのできる教えを追究したと言えます。

こうなれば、戒律などという形式的なものは無用の長物となるのです。ただ、阿弥陀仏への一向専心の念仏あるのみ、となるのです。親鸞においては、戒律の実践などは、阿弥陀様の救いに比べれば、それほど大きな問題では無いということとなりました。彼の教えは、その意味で画期的でした。また一方で破壊的でもありました。もはや、宗教エリートとしての僧は不要となったのです。この教えはルターの考えを一歩進めたカルヴァンに相当するでしょう。

ここまでくれば、一人一人の信心が問題となり、戒律のような外からの強制は不要となります。一人一人の信徒（門徒）は、それぞれ阿弥陀仏と向かい合うことになるし、阿弥陀仏は「南無阿弥陀仏」の一声で、救済を約束してくれるとするからです。ここまで易行道を突き詰めると、もはや何も差別はなくなるのです。絶対平等の世界です。だから、それまで差別や貧困、あるいは迷信に縛られていた民衆は、親鸞の教えに大いに救われたのです。真宗の爆発的な拡大は、その証しでした。

しかしその一方で、門徒の道徳心というものは、時に最悪となるのです。何をしても救われる、それが阿弥陀信仰である、浄土の教えであるとすれば、悪を抑える道徳としての宗教の縛りはなくなることになります。しかも親鸞の教えは、悪人こそが救われる、と教えるのですからこれを逆手に取るものも出ます。世にいう「本願ぼこり」です。悪をなせばなすほど、救済に近づくというわけで、社会秩序を犯すものが多く出現したのです。

ともあれ、仏教の理念的な平等を現実社会に展開したという点では、法然・親鸞の教えは革新的であったのです。しかも、民衆のレヴェルに仏教の教えや儀礼を引き下げたという点で彼らの働きは大きかったのです。

9　南都仏教の復興運動と葬儀

最澄以来の具足戒軽視の風潮は、政治の中枢である京都において勢力を振るった天台宗の隆盛とともに、日本仏教の主流となっていったのです。しかし、それは理念的には兎に角、インド以来の仏教の実質的な伝統から言えば、大き過ぎる変革、仏教の逸脱とも思われました。もちろん、多くの僧侶は実質的には、いわゆる小乗戒少なくとも菩薩戒を厳守するものも少なくなかったことは事実です。しかし、一度破られた理念、あるいは規律を取り戻すことは難しいことです。現に、比叡山にとどまらず、仏教僧の少なからずが、密かに家庭をもっていたことはよく知られた事実です。しかし、そのような現状を改革しようとする運動が、伝統仏教である南都（奈良）仏教から沸き起こりました。

現在では余り注目されることのない南都仏教ですが、鎌倉時代から室町にかけて南都仏教は、民衆救済の急先鋒でもあったのです。特に、戒律の復興と庶民への葬送儀礼の普及に彼らの功績は大きかったのです。

もともと奈良仏教の戒律の総本山は鑑真和上建立の唐招提寺でしたが、この唐招提寺さえも戒律の復興を目指した中ノ川実範（?―一一四四）が、唐招提寺に戒律を勉強しようと行ってみると、境内は田畑となっていたという有様でした。そのような荒廃の中で、一老人が田を耕しており、実範は、その老人から唐招提寺に伝わる戒律の本を授かり、以後唐招提寺の復興に努力したということです。

また彼は、長く途絶えていた東大寺戒壇院の受戒作法、つまり具足戒の受戒式を復興したのです。そして、その理想は笠置の解脱上人貞慶（一一五五―一二一三）に引き継がれました。その後、一二三六年には東大寺において「自誓受戒」という形で、戒律復興を願う叡尊（一二〇一―一二九〇）

等が、具足戒を受けます。ここに本格的な戒律を重視する正統仏教が復興しました。

しかし、注目すべきことはこの時の戒律の復興はインド以来の伝統的具足戒とは、必ずしも同一でないということです。最澄の具足戒の放棄と円頓戒による戒壇の承認（八二二年）から四〇〇年にして、日本の仏教にはインド的な意味での正式な戒律を重視する思想は衰退していたということです。だから、「自誓受戒」という変則的な受戒となったのです。このように、日本の戒律はかなり特殊です。

しかし、彼らは戒律が仏道の根本であり戒律のない仏教は、単なる理念の遊戯くらいに思っていたようです。戒律を重視する人々は「三学（戒・定・慧）すでに（荒）廃し、八宗まさに滅びんとする」という危機意識があったのです。というのも法然の浄土が急激に広まり、しかもこの浄土教が戒律を救済の行として否定したことへの危機意識があった、というわけです。

したがって、彼らは戒律を重視、実行するのはもちろん、積極的に民衆救済の行を行ったのです。特に有名なのは叡尊の弟子の忍性（一二一七―一三〇三）です。彼は戒律を基本としつつも密教や三論宗・法相宗などにも通じた高徳の僧でした。

彼は、自ら厳しい戒律を実践しつつ、同時に非人や病人さらには癩病患者をも救済しました。彼は人間のみならず動物の病院さえ造り、孤児や老人を助け忍性菩薩とも称されました。忍性は、持戒堅固で、自らは粗衣粗食に甘んじ、生涯において数十万人、そして数万の牛馬を看病したとされます。また、彼は病人や非人や孤児の救済のみならず死者の供養にも大きな功績を残しました。まさに、宗教のプロとしての僧のかがみのような人でした。しかし彼は民衆救済のために土木事業など戒律に反することも行っています。日蓮はこの矛盾を逆手にとって忍性を非難しています。

彼は明恵聖人（一一七三―一二三二）の勧めた光明真言の法に基づく土砂加持と呼ばれる埋葬法を積極的に推奨し、日本人の死の穢れを浄化し、死者への恐れを除き、先祖の供養という発想を一層強固にすることを可能にもしたのです。

しかし、救済のプロである戒律重視の僧侶の教えは、長くは続かなかったようです。やはり、僧も人の子、日本人であったということでしょうか。民衆宗教の鎌倉新仏教が普及した鎌倉から室町時代には、殆どその勢力を失っています。そして、今日に至っています。

10　鎌倉の戒律復興運動禅の隆盛

面白いことに戒律軽視の浄土教の隆盛は、逆に戒律重視、自力仏教としての禅の隆盛を招きました。その代表が道元です。彼が念仏者を「蛙の泣くが如し」と表現したように、口称念仏だけで救われるというような安直な仏教は、おかしいと主張しました。彼は戒律も宗教儀礼も無視して、ただ口称念仏のみで往生という名の救済が保証されるという、画期的な教えの危うさを憂う人の代表的な人でした。そのような人の中から前出の南都の律宗復興運動が生まれたし、戒律に厳しい栄西や道元の禅宗も生まれました。

一般に、禅宗も浄土教諸派も鎌倉新仏教として一括して論ずることが多いですが、戒律を中心に考えると両者はまるで正反対の方向に向かっています。もちろん、民衆に仏教を広めようとした、という意味で両者は同じ方向を向いていたことも事実です。そしてその結果として、両者は葬送儀礼という点で最終的には同じ地平に収束するのです。

周知のように鎌倉仏教は、「選択と集中」という言葉で表現できる仏教です。すでに検討したように法然・親鸞・一遍（一二三九―一二八九）は、念仏のみで往生できる、つまり救いが得られるとした、禅の代表者道元（一二〇〇―一二五三）は、ひたすら坐る、すなわち只管打坐において凡夫、衆生は煩悩を断じて悟りという救済を得ることができるとしました。また日蓮（一二二二―一二八二）も八万四〇〇〇の法門、汗牛充棟の経典の中から『法華経』のみを選び、題目一つで救いに至れると主張しました。

これらの点を見るとみな従来の戒律を重視する仏教の立場とは一線を画する存在です。但し、道元の曹洞宗は、戒を重視し、後に民衆に曹洞宗は広く授戒会を行い、戒律の普及に努めました。とはいえ、その戒律は禅独自のものでインド以来の伝統的戒律とは同一ではありません。そして、その路線は、確かに大きな支持を得ました。ただし道元は余りにも厳格でしたので、道元の死後振るわず、むしろ道元の禅と伝統的な真言宗・天台における密教的祈禱や葬法を融和した瑩山紹瑾（一二六八―一三二五）の存在によって曹洞宗の禅が、一般に浸透したのは、やはり日本人的でした。しかし、彼とて決して戒律をおろそかにしたのではありません。

このように曹洞宗では、民間信仰である白山信仰・熊野信仰・山王信仰から伊勢信仰・八幡信仰など様々な信仰を取り入れ、民衆の求めに応じて雑多な信仰を取り入れました。しかも、葬儀にも力を入れました。また民衆の授戒・教化に力を入れ、同時に葬儀にも熱心でした。それが現代一般的な葬儀の原型の一つです。

総《そう》じて禅宗は修行を重視する一方で、民間信仰の導入にも熱心であり、それは曹洞宗以上に厳しい宗風の臨済宗も同様でした。

京都五山第二の相国寺境内の宗旦稲荷
（僧が掃除している）

9 逆修戒名と葬送儀礼

1 逆修戒名とは

しばしば触れたように、戒名を含めた仏教習俗の多くは、本来の仏教、つまりインド以来受け継がれてきた教理仏教を前提としながらも、そこに極めて強い日本の伝統習俗との混交（交じり合い）融合があったことを知らなければ、理解できないものです。

これらから検討する逆修戒名もその一つ、というより典型です。すでに検討したように、戒名はインド以来、生きているものが仏弟子となるため、仏の教えを自らの行き方として生きるための証しとして、教団や師僧から授与されるものでした。ところが日本では死者のための贈り名のような役割を現在は担っています。あるいは没後作僧というように、形だけ僧侶にしてあの世に出す。あるいは、巡礼者の出立ちであの世に出す、という風習がありますが、その背景について考えてみましょう。

戒名には、逆修戒名と順修戒名とがあることはすでに述べましたが、なぜこの二つの戒名が生まれたのか、そのあたりを考えねばなりません。そもそも仏教は死者の儀礼ではなく、故に本来の仏教では死後の授戒、つまり順修戒名は存在しません。その意味で仏教ではみな逆修戒名ということになります。

しかし、なぜ本来の授戒が逆修かというと、この「逆」という字の意味は、「あらかじめ」という意味です。だから、「逆修」の意味は、あらかじめ修めておくということになり、生前に受戒しておく、戒名を受けておくという意味となります。ではなぜ、当たり前の戒名に逆修とわざわざ命名したのか、ということが問題です。そこで、考えられるのが『十王経』というお経の存在です。このお経には、二種類あって一般に余り知られていませんが、正式名称を『仏説閻羅王授記四衆逆修生七往生浄土経』あるいは略して『閻羅王授記経』というお経と、『仏説地蔵菩薩発心因縁十王経』です。どちらも『十王経』ですが、前者は中国の蔵川という僧が、インドでできたお経と、偽って書いた偽経、後者は日本人が蔵川に仮託して書いた偽経です。偽経とは、インドで作られたお経でない、という意味ですので、その内容に嘘があるというような意味ではありません。

さてこの『十王経』に「逆修」という文字が見えます。これは先にも指摘したように、「あらかじめ」というほどの意味です。とすると、あらかじめ準備できる死後の世界観が明確になっていることが前提です。実は、この死後の世界観が確定している、明確になっているということが大変大きな意味をもちます。

2　あの世双六の誕生

逆修の儀礼や逆修戒名を生み出す最大のきっかけとなったこのお経は、専門家の研究では西暦七五六年以降八四八年頃までの中国で書かれ、早くも九世紀末には、その儀礼が日本でも行われていたそうです。というのも、同経には、生前に善行をつむと、死後それが七倍にもなって帰ってくるという教えがありました。このために生前から自らの未来のために、善行を積むために形ばかりの出家をしようという発想が生まれたといいます。またこの教えは、一〇世紀頃に、地蔵信仰と深く関わりつつ、民衆に大きな影響を与えたというのです。というのも、ここには現在の我々も良く耳にする、閻魔大王の裁きを頂点とする冥府の行程と、そこでの光景が書かれており、さながら冥土双六図になっているのです。そして、この地獄から救ってくれるのが地蔵菩薩の救いです。

この『十王経』と、源信の『往生要集』で示された地獄極楽の光景が、日本人の来世観を作り変えてしまったと言っても過言ではないことはすでに触れたとおりです。

さて、この『十王経』によれば、死後亡者は、死出の山を登る過程で九人の裁きの王の下、厳しく断罪されることになります。そして前世における罪や穢れを払い落として、頂上に至ります。そこまで、やっとの思いで登って来た亡者たちは、それまでの責め苦でグッタリしておりますが、その分前世の罪も浄められています。その厳しい道のりを経て頂上に着きますと、そこには第一〇番目の王、阿弥陀仏の化身である五道転輪王がおられ、そこは極楽浄土へと連なっている、というわけです。ここまでに死者の魂（亡者と一般に言います）が会う裁きの王が一〇人あり、これが十王の由来です。もちろん、この厳しい王たちは、実は慈悲深い仏・菩薩の化身であり、本当は皆優しい王であるという設定となっています。

いずれにしても、死から極楽往生までの過程が、『十王経』にはあたかも見てきたかのように、しかもヴィジュアルに示してあります。それはまさにあの世をテーマとした双六ゲームのように、具体的に提示されます。ですから「あの世双六」といった感じのヴィジュアルイメージが生まれます。

その中には、我々になじみある「賽の河原」・「三途の川」や「閻魔大王の裁き」などがあります。お経の意図は、このように死後世界はなっているので、生前から正しい行いをして、善を積み死後責め苦に会わないように精進しなさい、ということにあるようです。

ところが、日本人はこのように死後の世界が決まっているのなら、生きているうちに早めにその責め苦を受けるか、出家し

中国系寺院の地獄のイメージ

て仏の力でその責め苦から逃れよう、と考えたようです。つまり、逆修儀礼により、この世で、先取りして供養して、地獄の責め苦を逃れようというものです。

3　逆修と回向

つまり逆修儀礼とは地獄双六を前提として、「儀礼を通じて、一旦死んだことにして、三途の川の布橋を渡り、地獄の各所を訪ね歩き、そこで生前において積み重ねた罪滅ぼしのために、責め苦を受けて、罪を帳消しにしたことにして、この世に再び帰ってくる」という趣旨のもと行われました。そして、再びこのように帰ってきた時は、いわば罪咎は全て消滅し、清らかな体、五来重氏の言葉では「生まれ清ま」って帰ってくる、という信仰です。

このような信仰は、仏教の供養や回向の思想に種はありますが、理論的には浄土教の善導（六一三―六八二）の教えに起源をもつということです。いずれにしても逆修法は、擬死再生儀礼として、行われました。

この擬死再生儀礼は、未開社会においてはどの地域にもある種の儀礼です。そして、人間の人生は、各種の境界を儀礼によって通過して、最後に死という境界を越えることで一応の終焉を迎える、と考えるのです。

そして、この逆修儀礼は、この時の流れを早送りした構造になっているのです。つまり、生きているうちに死を体験し、儀礼的にその責め苦を享けて、次の世の生を先取りして生きられるというわけです。それは死を儀礼的に体験、疑似体験し「生まれ変わ」って第二の人生を生きたいとの考えです。そこで、死を疑似体験したり、象徴的に死と生まれ変わりを体験するという儀礼が考案されます。そして、それを体験したものは、宗教的には全く新しい別の人間、となると考えられます。そのような擬死再生儀礼が、逆修儀礼であり、その核が逆修戒名というわけです。

今日、擬死再生儀礼の身近なところでは、「還暦に赤いちゃんちゃんこを着てお祝いする儀礼」があります。暦が一巡するということは、世界が再生することですし、六〇年も生きるということは、昔としては結構な長寿でした。そこで六〇年を区切りとして還暦を祝い、生命力を現す赤い衣装に身を包む（赤子とかけたのであろうか）ことで、再び人生を歩み始めるというわけです。

このように一見たわいもないことのように思われる儀礼ですが、民衆信仰では大きなウエートをもつのです。ちなみに存命者が石塔に戒名や名前を朱書きするのは、このような伝統の延長にあると思われます。

ともあれ、この「逆修」という考えは、上座部（いわゆる小乗）・大乗仏教の正統思想からは距離がありますので、中国の民間信仰、特に道教との融合の結果生まれ、日本では土着的で呪術性の高い修験道との融合によって生まれたと考えられています。

4　戒名の矛盾はなぜ生まれたか

多くの日本人が出家する目的もなく、授戒式を受けようと願った背景には、「生まれ変わり」を体験することで、罪を帳消しにしようという思想があったことは重要なことです。

五来氏によれば現在の「戒名」において、「居士・大姉」と書くのは、それが逆修だからである、ということです。確かに、現在の戒名の一般的な書式である「○○居士」は「○○という出家名（戒名の本義）をもつ、在家の信者（居士）」となり、その意味において大きな矛盾を抱えていることになります。

その矛盾は、この逆修儀礼を使えば簡単に説明できます。つまり、本来ならたとえ墓に戒名を刻むにしても本名に居士をつけるのが理論的には、正しいわけです。また、大乗仏教の理念に立てば、出家僧も在家の信者も菩薩（仏道の実践者の意味）扱いですから「○○菩薩」と書いてもいいわけです。また、『維摩経』の主人公のように「維摩」居士とするのも可能ですが、この場合の維摩はヴィマラキルティー（VimalakIrti）という俗名です。ですから出家名に相当する戒名と居士（大姉）などは、概念的に矛盾します。

ところが日本では、いつの間にか「○○居士」「○○信士」というように、いわゆる位号と称されるものが、戒名について在家者であることを示すようになったのです。

この考えは日本に特有のようですから、いくら経典を探しても出てこないわけです。そこで、先程の逆修の考え方を取り入れると、在家にいながら出家の修行した、あるいは形をとったものという意味で、「○○居士」という表記に正当性が生まれる、というわけです。

ですから、この「○○居士」と表記する戒名の形式は、逆修の伝統を引いている、というわけです。つまり、これは後に紹介する平清盛などが行った入道という形式と似た関係にあります。

一方、浄土真宗のように「釈○○」として、原則居士等の位号を用いない宗派は、インドや中国の仏教により近い形式をとっている、というわけです。戒律という面では、一番インドや中国仏教から離れた浄土真宗が、この点では一番近いというのも面白い現象です。

5　法然も逆修を説いた

ともあれ逆修儀礼とは、死後の世界における地獄の責め苦を逃れるための、罪業消滅の願いを込めて仏教の儀礼を用いたものであったわけです。法然上人は『漢語灯録』において「寿命長遠の法」として、逆修を説いています。尤も、この時代の逆修儀礼は、権力者や富裕な階級の人が、七七四十九日の法要を実際に行っていたためにかなりの費用が掛かった、とされます。そのために、民衆にはとても手の届く儀礼ではありませんでした。

しかし「然れば則ち今逆修七七日間、仏に供（養）し、僧に（布）施を営は、即ち是れ寿命長遠の業なり」という法然の言葉は、説得力を以って受け入れられました。もちろん、これは本来の仏道修行への前段階として、戒名を得たものはやがて本格的に出家して、仏道修行に専念することが期待されていました。そこで、逆修で戒名を得るような出家を入道と一般には呼んで、本当の出家者と区別しました。

時代が下り、鎌倉期になると仏教の大衆化とともに、大念仏講や融通念仏などの簡単な儀礼に参加することで、法名や阿号が簡単にもらえるようになりました。この逆修儀礼を行うために、興福寺には逆修坊という専門の寺も設けられたほど、普及しました。

一方で、逆修だけでは不十分と考えるような風潮も生まれました。つまり死後の供養をさらに遺族に続けることを望む、寺院側と遺族の情が、生前の積善行為に死後の遺族の回向をセットで認める日本独自の「十三仏事」を生み出します。

先の『十王経』が「十仏事」でしたから、三つ増えたのです。つまり、七七日に一〇〇日、一年、そして三年の各遠忌を加えて「十仏事」、それに七回忌、一三回忌、三三回忌を加えて「十三仏事」としたのです。

このように死後の供養を長くしたのは、仏教寺院が祖先供養からの布施を長く期待する、ということ以上に、日本人に古来からある死穢への恐れが影響したのでしょう。実は、日本仏教には、思いの他神道の影響が大きいのです。特に、この逆修の考え方を推し進めたのは、他ならぬ日本古来の発想、いわば古い神道的発想です。

6 日本的ずるさがあの世を変えた？

既述のように日本の神様は、祟りを為す神でもありますが、同時に恵みを与える有難い神でもありました。ですから、日本人には潜在的に、仏教が教える根本苦や罪の意識は理解でき難かったのでしょう。神は基本的には人間の延長で、人間の願いに報いてくれるというのが日本的な考えですから、厳しい修行の果ての悟りとか、苦しい地獄の責め苦というようなシリアスな世界観は、日本人には余りなじまなかったというべきでしょう。

ですから、あの世のことが『往生要集』や『十王経』などで、ヴィジュアルに表現されると大変ショックを受けます。しかし、その戒めを真摯に受け入れて信仰心を抱くという考え以上に、その責め苦をいかに回避するか、ということが日本仏教の救済観の中心になってゆきます。

こうなると、本人の力だけではどうにもならない時は、遺族や周辺の人々の供養がものをいう、ということになってきました。その起源は、インドにありました。いわゆる七七日、つまり死後の四十九日を中陰として、七日毎に供養するという儀礼です。

祖先崇拝が殆どなく、また輪廻思想が徹底しているインドでは、死後の世界の悲惨さを語って、遺族らの供養を引き出そうというような発想は、殆どなかったということです。というのもインドの仏教界では、周囲から沢山の布施や寄進があり、死者を中心とする供養の体系（集金システム）ともいえる構造は成立しておりませんでした。

それが、中央アジアから中国に入りますと、中国特有の祖先崇拝や、脱世俗主義を嫌う文化などがあり、仏教は財政的に窮します。そこで、中国的な祖先供養を仏教的にアレンジして、財政的な基盤作りが行われたということです。さらに、中国人も祖先も血統も重視しますから、祖先供養としての仏教は大いに隆盛します。その流れで日本の仏教も日本的祖先崇拝と密接な神道と矛盾しなかったのでしょう。

7　神仏習合は、日本仏教の基本

周知のように日本では仏教と神道は、密接不可分でした。何より神道の祭主である天皇が、仏教を導入したのですから、この路線は当然の成り行きでした。さらに、日本の仏教を支えた人々の中には、日本の古代信仰の体現者である天皇や皇族をはじめ社家出身者が少なくなかったのです。

神道には、修行という思想も救済という考えもありませんし、地獄という思想もありません。いわば神道は、究極的な現世主義宗教です。神道では、現世利益と穢れを避けることに中心があります。ですから、来世の責め苦云々といっても日本人は、これを深刻に捉えることはなかったと思われます。

ですから、インドや中国のような厳しい修行も、切迫感をもたなかったのです。しかも修行という身体的な裏づけも余り必要としないから、仏教の修行、つまり戒律も余り重視する傾向にはなかったのです。そうすると、前出の『十王経』で示すような地獄の恐ろしさを自覚して、修行しようというような方向には発想が行かないのです。それより、むしろこれを抽象化して、さらに簡略化して、人間の都合のいいように処理できるとしてしまうのです。時にはこの地獄と極楽というような枠組みを実態的に捉え、「地獄破り」というような、発想まで出てくることになります。

確かに、地獄というのも人間の創造力が作った実態のないものですから、これに怯えて仏に救いを求めるという発想も、逆に地獄に押し入って鬼どもを懲らしめる、という地獄破りの発想もどちらも成立します。しかも、どちらも実態がないのであれば、恐ろしい地獄を破壊するという話は、気持ちのいい面もあります。

確かに、落語か講談のねた話にはいいのですが、実はそれでは何も解決しません。なぜなら、地獄は人間の不安感や恐れが、言葉となったものであり、言葉そのものが実体ではないからです。ですから、言葉上の地獄をこれまた言葉で破り捨てたところで、さらなる違った地獄が現れて、何の解決にもならないのです。しかし、だからといってそれが無意味である、というわけではありません。

文化的には、それが人々の救いになったという事実は大切です。人々の信仰とは、このようなレヴェルにある、ということは事実なのです。それが、逆修儀礼であり入道型出家であり、さらには「没後作僧」や「逆修戒名」であったということでしょう。そこには、来世を深刻に憂う思想も、修行というような禁欲的な発想もなく、常に人間の都合が優先する世界観が見受けられます。

8　逆修儀礼で救われる人々

逆修儀礼の目的は、先にも触れたように、この世における幸福のための儀式でした。それは「無辺の罪暗悉く除き、智慧宏深にして、行頭堅固ならんこと、現報（この世での利益・安楽）と当報（来世の安穏）とつぶさに安楽を得て、内魔外魔すべて悩乱することなく、餘祐後裔に保持し、大悲にして群生を利済せん」（『諸回向清規』文中読み易く口語訳）という禅宗の教えにも述べられています。つまり、逆修儀礼によって「罪が除かれ、この世と来世との安楽や利益をえられ、それが子孫やすべての人間、さらには生き物にまで及ぶ」というものと、考えられていたからです。

このようないいことづくめの逆修であるので、その加護を望む人々が放っておくわけはないのです。特に、権力者はこの世でも、来世でも良くありたいと願ったのです。先にも紹介した平清盛はその代表格です。つまり、彼は五一歳の時に大病に罹り、命を永らえるために逆修で授戒し、浄海という逆修戒名をえて、入道、つまり形ばかりの出家をして、生まれ変わったのです。『平家物語』は、仁安三（一一六八）年の頃に「年五十一にて病におかされ、存命の為にとて、すなはち出家入道す。法名をば浄海とこそつき給へ。その故にや宿病たちどころに癒えて、天命を全うす。出家の後も、栄耀はなお尽きず……」と伝えています。

五来氏によれば清盛は、この前年に太政大臣となり、出家して禅閤あるいは禅定殿下と呼ばれたというのです。これは入道、つまり逆修授戒した摂政や太政大臣のことを言い、禅定（仏道修行のこと）を習った人くらいの意味です。この禅定は、本来仏教における精神集中の修行（禅那：ディヤーナ）とか三昧（サマディー）というような高度な修行を指すものであるけれども、日本では一般人の仏道修行を禅定といったのです。だから、一般人の戒名に「○○禅定門」というような位号が用いられているのです。例えば、足利義満の戒名は「新薨　鹿苑院准三宮授一位大禅定門　尊霊位」となっています。

ところで、聖武天皇の授戒のように、戒名をいただくことが非常に厳粛で大変な覚悟とそして費用の元に行われた時代から、浄土教の広まりや禅の普及とともに、授戒という儀式は、庶民化というか形骸化というか、いとも簡単に授戒式ができるようになったのです。ここに至ればもはや、授戒は、仏道修行者としての覚悟や地位を示すものではなく、念仏会などの仏教行事に入るための準備、あるいはメンバー証程度の価値しかもたないものともなってしまうのです。

それでも逆修には一定の効力があると認められていたようです。例えば戦国大名の上杉謙信は、二七歳時に、突然国を出て出家騒動を起こし家臣をあわてさせたと言われていますが、その信仰は堅固で、並外れた戦国大名として、多くの戦をなしながらも、一方で生涯求道遍歴を重ねています。青年期までは曹洞宗の古刹、林泉寺で禅を学び、上洛時には臨済宗大徳寺の宗九のもとに参禅し「宗心」

という法名を受けてさえいます。また、『上杉年譜』によれば、謙信は、越後の春日山城の北の丸に、大乗寺という真言宗の寺を建立し、住職として迎えた長海和尚から真言密教の戒律を授けられ、これを生涯守ったといいます。また、高野山金剛峰寺の清胤から伝法潅頂を受け阿闍梨権大僧都の位階を受けていいます。恐らくこの時にも戒名を授かったはずです。いずれにしても、彼について、江戸時代の大学者新井白石は、「謙信は、つねに持戒して伝法灌頂を行うこと凡そ四ケ度に及び、あるいは護摩を修し、あるいは参禅し、肉食と色欲を断ったために、子がなかったというが、思うに、弓矢の冥助を祈り、かかる行いを敢えてしたことは、昔から例がある」と述べています。つまり、戦に必勝するためにも、不犯戒などを守ろうとつとめたらしい、というわけです（ウィキペディアより一部引用）。

このあたりに、逆修戒名の霊力を期待する信仰と、仏教を真に実践すればやはり戒律を守るべし、という本来の仏教のあり方との間に揺れ動く生真面目な謙信の姿を見てとれます。

いずれにしても『往生要集』や『十王経』で示されたあの世における裁きは、俗人の罪を裁くというもので、僧侶を裁くものではなかったのです。この『十王経』に見られるような教えを前提とすると、死後の世界は出家者が、優遇されるということになります。ならば、出家して死を迎えれば、結果として死後の世界では僧侶の待遇が受けられる。つまり、一〇の関所を通らずに極楽にいけるということになります。一種のフリーパスがいただける。というわけで、民衆もこれを欲したのです。

天皇や皇族、貴族、大名などの中にも死の直前に剃髪して、僧となって臨終を迎えた人々は沢山います。例えば、第五四代天皇の仁明天皇（八一〇―八五〇）は、亡くなる直前に出家されわずか三日後に崩御されています。ですから、かなり古い時代から、駆け込み出家はあったのです。

その風習が死の直前の出家から、葬儀の直前に戒名を授かり、形ばかりの出家作法を受け僧侶となる作法となりました。そして、現在の葬儀の殆どは、その儀式を基本としています。ですから葬儀の作法は、没後作僧である、と言われるのです。この修行途中の亡僧侶に対する葬送儀礼が、現在の各宗派の葬送儀礼のひな型になっていると言われています。ではその根拠はというと、以下のような世界観があったと考えられます。

9　全ての世界が修行の場となる

禅宗の宗風は、厳しい修行を伴うために戒律や清規の厳守が求められました。しかも禅宗では、日常生活そのものが仏教の修行となるという認識があり、洗顔から就寝の間の一挙手一投足に、修行の概念が盛り込まれました。

この日常生活の宗教化、つまり日常の生活を修行とみなす、という考え方は、日本人は特定の宗教空間における禁欲（戒律の厳守）ではなく、日常生活そのものに宗教的な意味を見出すことを重視する日本の伝統にぴったりでした。それが、日本人の目指した民衆の宗教ということでした。中世以降の仏教の民衆化は、この日常生活の中に、宗教性を見出す方向で突き進んでゆくのです。

禅宗の提唱した修行重視、つまり戒律の復興ということは、必ずしも易行とは言えませんが、従来の厳格な戒律ではもちろんなかったことも事実です。むしろ、日常生活を戒律化し、民衆の日常生活と仏教の救済を結び付けようとした、という点において大きな意味があったのです。曹洞宗による禅の一般化、日常生活の仏教化は、葬儀においても禅宗的葬法や葬具の普及に大きく寄与しました。

例えば曹洞宗の教えは、後に鈴木正三（一五七九―一六五五）の「世法即仏法」、「世俗業即仏業」の思想に典型的に見出せます。彼は『万民徳用』において、この世の生活の一切は、仏道修行となる、として、このような言葉を残しました。その教えは、現在でも日本人が仕事をサラリーの獲得以上に熱心に行う意味をしめしています。

しかし、このような世俗化は、魂の救済者、死後の安楽を教える宗教家としての人間的な魅力、プロの宗教家としての僧侶、戒律遵守の僧の存在の低下をも導き出しました。つまり、誰でも日常生活で修行しているのなら、出家し厳しい禁欲生活の意味は、見出せないということになるからです。

このようにして、戒律を守り、修行を行うプロの宗教家である僧侶の役割は、儀礼的な部分に修練してゆきます。つまり、葬儀という最大のイベントのプロとしての役割です。

10　死者は皆修行者だ

仏教が民衆の宗教として一般に行きわたり、この世の生活が全て仏道の修行と直結するという思想が一般化すると、我々庶民は実は出家こそしていないが、修行僧同様の存在である、という発想が一般化します。

そうなると在家の修行者であった庶民も、それなりの修行を積んだ存在と言えないことも無いわけです。しかも、僧侶の方があの世で裁きを受けなくても良いし、少なくともその裁きが軽くなるという僧侶優位の伝統もあります。そこで、考えられたのが「没後作僧」（もつごっそう）の葬送儀礼ではなかったか、と筆者は考えています。

もちろん、死の直前に駆け込み出家の例や、逆修儀礼のように死を先取りした儀礼がその先例となっていることは確かです。さらに、修験道のように、時々修行をやって普段は、普通人というような修行者もおり、出家修行者のインフレーションは、厳しい戒律の遵法者と普通人の差を小さくしたのでしょう。

そこで、俗人もあの世に旅立つ前に、出家させて名実ともに僧として旅立たせようとしたのが、この「没後作僧」の儀礼であったのではないでしょうか。ですから、臨終後まもなく、戒名は付けられます。というのも葬儀の前までは、形式的には死は完成していないからです。ですから、葬儀の前に出家させれば、僧と同等の扱いを受けられるというわけで、死後の戒名は一般化したのでしょう。

もちろん、それはアマチュアの僧侶です。ですから、戒名の下に在家者の意味での居士や信士などをつけるのです。というのも、さすがに本格的な葬儀は、死の穢れを跳ね返すほどの修行をするもの、つまり正式な僧侶でないとおぼつかない、という前提があり、一般の人には役割は負えないと考えたからでしょう。その意味で、エリート僧侶には戒律重視は期待された逆行的な現象もありました。しかし全体的に僧の存在は、葬送儀礼の執行者へと収斂してゆきました。

ですから、江戸時代の檀家制度の中では、本格的な僧侶は、戒名を俗人に付けるだけの実力をもち、またそれを期待されていました。そして、おおむねそれを実行してきました。しかし、その伝統が近代化とともに、危機に瀕したのです。

いずれにしても仏教は天皇以下、全ての民衆に受け容れられて、日本文化の形成に大きな影響を与えます。その中には神道の神主も例外ではありません。中世には伊勢神宮や出雲大社の神主も晩年に出家し、仏教式で埋葬された例が多いのです。

10 仏教的救済構造の崩壊

1 戒律の破戒

現在の仏教界の混乱——それは戒名をめぐる混乱とも深く関わりますが——の直接の原因は明治政府の敬神排仏、あるいは敬神嫌仏政策にあります。

周知のように、仏教は江戸幕府の一種の役所として戸籍を管理し、キリシタン弾圧の間接的な一翼を担っていたことは確かです。しかし、それは基本的に神道も同じでした。というのも多くの寺院は神仏習合の状態であり、仏教のみが幕府から優遇されていたわけではなかったのです。

それにもかかわらず、幕末から明治初期には、仏教は倒幕・攘夷運動と結びつけられ、狂信的な平田神道家や一部の神道家（分かりやすく言えば国学者）によって徹底的に弾圧されました。

特に、ヨーロッパ諸国やアメリカによる脅威は、日本人をパニックに陥れ、ついに攘夷（外国排除）という狂信的ナショナリズムが平田神道と結びつき、外来宗教と位置づけられた仏教への攻撃という形で顕在化しました。

全国民を巻き込んだ狂乱状態の中で、日本古代の精神を復興させるという明治政府の理念は、仏教の一二〇〇年の歴史を根底から否定するものでした。一般に「祭政一致」「神武創業」というスローガンで知られる明治維新政府の思想は、仏教によって築かれてきた日本の歴史の多くの部分を「一洗」「一新」し、純粋な天皇親政の神道国家を作るという平田神道の理念を中心に進められました。少なくともこの狂信的復古主義が破綻する明治八年までの一〇年近く、仏教は塗炭の苦しみを受けました。

それは明治初年の排仏毀釈により日本全国寺院の八割程度が破壊されたとか、僧侶が強制的に復飾（還俗）させられたりというかつてない、仏教弾圧を伴ったのです。この時、興福寺の五重塔が数十円で売りに出され、危うく焼き払われそうになったのです。結果的になくなってしまった文化財の数は、数知れませんでした。

特に、明治五年に出された太政官令の「肉食・妻帯勝手たるべし」なる法令は、僧侶の戒律思想を根底から破壊しました。もちろん、当時一向宗（この時真宗と改名が許された）は、毛坊主と呼ばれ肉食妻帯が当たり前であったので、その基準に全ての僧を合わせようとしたのです。

2　なぜ僧は戒律を捨てたのか？

このように明治政府は、伝統仏教の否定に熱心でしたが、しかし太政官令が出たからといってそれを口実に僧侶が、僧侶のままで妻帯し、あたかも俗人のごとく寺に住み、さらには寺を所有するということが、簡単になされたことに驚きを禁じ得ないのです。

それは本来お門違いの法令だからです。つまり世俗法が、宗教法を捻じ曲げるというようなことは、本来許されないのです。また還俗を強制するということは、中国ではしばしば行われましたが、僧の地位を保ちつつ、俗人となることを保障するというところに矛盾があり、その矛盾を受け入れたところに、現在の仏教不信、僧侶不信の根源の大きな原因があるのではないかと筆者は考えています。

なぜならそれこそが、戒律無視の極致であるからです。しかも、それが公権力によってなされ、それが当たり前のごとくなっている、ということへの反省がないという点も不可思議です。

しかも現代の戒名はこの戒律のない僧から戒を貰うという矛盾の上に成立している習慣です。その意味で、現代の仏教への批判には根源的なものがあるのです。もちろん、仏教攻撃は神道家やその世俗化ともいえる国学者さらには、柳田國男のような民俗学者にまで及びますが、さらに近代化を通じて導入されたキリスト教者の批判は、一層体系的でした。

仏教は近代化というキリスト教文明化を急ぐ明治時代の政府、そしてその方針に沿って突き進む人々にとって捨て去らねばならない迷信、乗り越えねばならない旧弊の象徴として、常に攻撃の矢面に立たされたのです。

その急先鋒は福澤諭吉であり、キリスト教徒であり、明治国家の政策でした。

もちろん、このような逆境において戒律の復興によって仏教を再考しようとする福田行誡、原坦山、さらには田中智学らの仏教復興運動もなかったわけではないのですが、その声は余り大きくはならなかったようです。しかし、そもそも権力に追随してきた日本仏教の精神は、仏教教団の独立や復興よりも、政府の方針に従いつつ、仏教を復興するという妥協的な方向に進んでゆくのです。

3　葬式仏教は政府の方針

尤も、仏教を弾圧した狂信的な近代神道を基とした明治政府の政策も、キリスト教の増大と、葬儀の負担に耐え切れなくなり、ついに仏教を解禁します。はじめは、火葬やお盆まで仏教式儀礼だから神道の国に相応しくないと否定したのですが、それも不調に終わります。というのも、神道は穢れを最も嫌うからです。つまり、明治政府は、仏教排除のために、結果として神道式葬儀という神道思想の大転換を行わざるを得なくなったのですが、死の穢れを神道に持ち込んだために、動きが取れなくなったのです。そもそも死の穢れを嫌う（忌む）ことを第一とする神道に、葬式を行う準備は十分で

廃仏の現実（地方の寺院にて）

はなかったのです。何しろ天皇の葬儀ですら恐らく聖武天皇以来、孝明天皇までの長きにわたり、葬儀は仏教式でした。ですから、その流れをとめることは容易ではなかったのです。もちろんこの狂信的神道は、新しい神道のことです。

結果的に、葬儀は仏教の手に戻されます。その間の事情を示す資料を紹介しましょう。明治政府の狂信的な思い付きに奔走される民衆像を、現在の群馬県吾妻郡東村の例で紹介しましょう。

同村史によれば、慶応三年正月、明治天皇が践祚し、王政復古の方針が固まると早くも慶応三年三月には、神祇道取締りという名目で吉田殿学士前田主計というものが、同地域の神祇道取締りのために廻村しています。さらに明治元年三月には、太政官令によって神仏の名称の混交を禁止したことで、仏像を神体としていた神社はこれを改めさせられました。また、「ありがたき御一新の御時節に至り、寒松寺儀は御廃止下され、庫裏、本堂は買人も御座候につき、相当代金にて、売りはらい、……」というように、寺院を破却し、その田畑や土地を売り払ってしまったり（明治三年四月）、寺院にあった石仏の首が切り落とされたりもしました。寺を失った檀家は、神道に半ば強制的に改宗させられました。その時、以下のような「入門入社誓い状」が書かれています。

「一・御国体を根本として日本魂を振起し、皇国の大道を熟知し、……。神祇を尊敬し御規則を熟知し、朝旨を遵守仕り道を以って邪教を闢除し、わが国の光輝候よう思いを尽くし報国の趣を心得あり候事。天地地祇に誓い……。」（明治七年一一月）

この書状が、現在の群馬県吾妻郡の東村箱島地区の総意として提出されました。この書状には村人八四名と立会人他七人の捺印がありました。同村は、明治初年以来積極的に神道化を進め、神葬祭に移行していました。

ところが、明治八年に仏教の復権が中央で認められると、同九年に岩鼻県の通達一三号で仏教信仰を認める沙汰が出ると、時を移さず次のような嘆願書が出されました。

「私共村方にこれある者一同、従来仏葬にてこれあり候ところ、去る明治三年五月、（同村）寺院廃寺に相成り、然る処、その節当村、○○○副戸長勤務中……。是まで仏葬による意といえども、自今神葬祭に改めて式いたすべき御趣意につき、速に、転宗いたすべき旨、私共銘銘のものに厳談に及び候ところ、何の弁別もなく、その意に従い、請け持、神官○○に、葬祭依頼おき候ところ、本年（明治九年）本県（岩鼻県）十三号を以って御達しこれあり候については、私共儀、素より仏葬信仰の者にこれあり、依って一同協議候処原町善導寺に、葬儀いらい申したき旨、決定仕り候。尤も今般転改宗式の儀につき、後日いささかも苦情等御座なく候間、何卒帰仏相成り候よう、御きき置き下され度く、願いあげ奉り候。明治九年十二月。」

この書状は、先の村人が改めて神道から仏教へ、特に先祖伝来の仏教式葬儀を行うために、仏教への回帰を願い出ているものです。この書状によれば、明治維新の混乱で、一部の村の指導者が強引に村人に、仏教を捨てさせ代わりに神葬祭を押し付けたことが分かります。

しかも、その後、仏教信仰が認められたために、祖先の信仰に戻りたいという願いがなされたのです。しかし、神葬祭への入門書の時には八四名の村人と七人の村役が連盟していたのですが、今度の仏教への回帰には、四三名と村役人一人が名を連ねるのみでした。

この村は、仏式と神葬が現在でも半々であり、その中には明治初年に神葬祭で葬った祖先をわざわざ回帰後に、仏式で再葬したり、また逆に仏式で葬った江戸以来の先祖の墓を全て神式に作り直したり、混乱の跡が生々しい村です。また、神道に改修した家の神壇は、表向き神式ですが仏壇をそのまま転用している家も少なくなく、浄土絵図が背後に書かれていたりします。また、明治を境に仏式の石塔と神式の石碑が並ぶ墓地に違和感がないかを聞くと、村人の答えは、「仏教という服を着ているか、神道という服を着ているかの違いみたいなもので、同じ先祖ですから気になりません」でした。しかし、その実は、かなり深刻な文化破壊であったらしく、古老にこの話を持ち出すと、殆ど知識が伝わっていないのです。不思議なことですが、あえてこの問題に触れることを拒否するのです。事件後一三〇年を経ても未だにその傷はいえていない、ということでしょう。

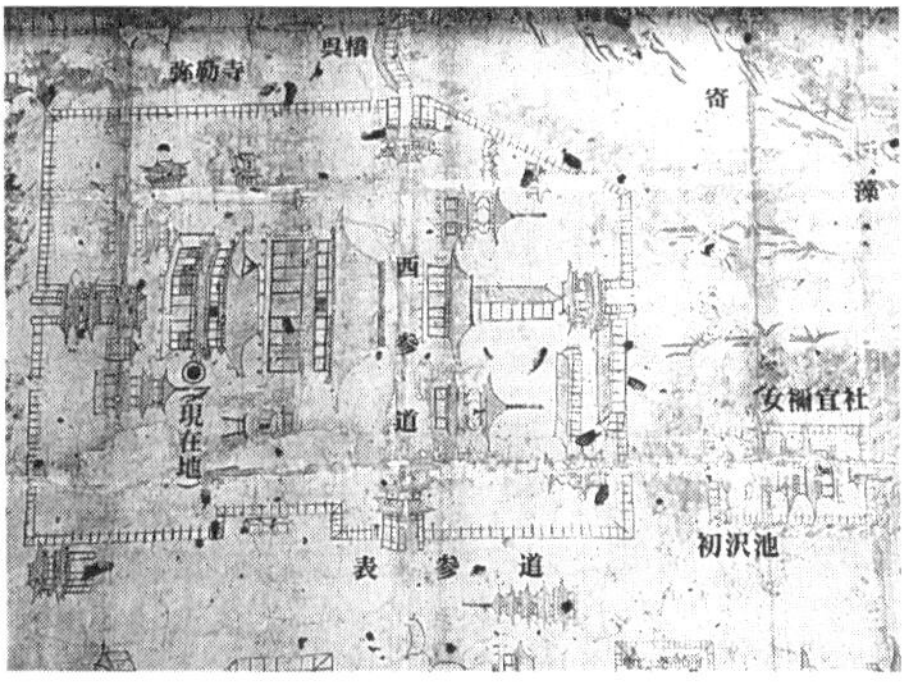

神仏習合の頃の宇佐八幡神社（中央に仏殿仏塔がある）

11 仏教の身体的救い

高度医療と高齢化社会に直面する日本において、日常的に「死」の存在は意識の背後に追いやられた感があります。確かに平均寿命は八〇歳を超えようとする昨今、老いや死は、かつてのような切実なものではないかもしれません。つまり、「明治・大正の平均寿命は四十二・三歳であった。百年未満の間に平均寿命は二倍に伸びた」（杉田暉道『やさしい仏教医学』出帆新社、二二七頁）のですが、しかし、それは人間が不老不死を手に入れたわけではないわけです。つまり、その速度が遅くなり、その過程が長くなったとはいえ、老いは必ずやってきますし、死も当然訪れます。

問題は、その死の訪れをどのように受け入れるかということです。現在の日本社会はいわば死を隠蔽し、「穢れ」とは言いませんが「縁起が悪い」とか「不吉」というような言葉で、これを拒絶します。その典型は現代社会の生命観・宗教観を象徴するともいえる病院における死者の扱いです。現在の医療では「死」は敗北のように位置づけられると、言われています。そのために延命に異常なほどの精力と技術を傾注します。その結果、薬づけの医療となり、生命維持装置やチューブに繋がれて最期を迎えることになります。これ自体は、いわば文明の発達の結果ということであり、否定すべきものではありません。しかし、その結果死とは何か？　生命とは何か？　人間とは何か？　というような事が疎かとなったとしたら、それは人間の精神力の衰退ということではないでしょうか？

そこで、諸宗教史上最も深く、人間の老いや死を深く見つめてきた仏教における老いや死について、以下で考えてみましょう。

1　ブッダの老いと死

王族の豪奢な生活を捨て、真に生きることの意味を追求し、激しい苦行を行いついに三五歳で悟りという究極の生きる道、救いの道に気づいたゴータマ・シッダルタ王子は、以後ブッダとして人々を迷いの生き方から救うために、自らの悟りを人々に伝え、その人生を終えました。では、ブッダの悟りとは何なのか？　ブッダの救いとは何であったのか？　ということですが、それを知ることは非常に困難ですが、一つ明確なことは彼の死に直面した時の態度と言葉です。つまり、彼は「老・病・死」に代表される生きる上での悩みの解決に出家を決意したのですから、その死に際しての態度は、いわば彼の人生の総決算であり、その態度いかんでは、彼の悟りの体系は崩壊してしまうことにもなりかねないものでした。その点が、仏教とキリスト教やイスラーム教のような啓示宗教（つまり、その言葉の内容の責任は神にあり、発言者にはない）と異なるところです。

ブッダの最期を伝えるものは、『大涅槃経』や『遊行経』等があります。そこには老いて、衰弱するブッダの姿が描かれています。つまり、

「アーナンダよ。わたくしはもう老い朽ち、齢を重ね老衰し、人生の路上を通り過ぎ、老齢に達して、わが齢は八十となった。譬えば古ぼけた車が革紐の助けによってやっと動いてゆくように、わたしの車体も革紐の助けによってもっているのだ。」

という具合です。ところが、

「しかし、向上につとめたひとが一切の相をこころにとどめることなく一々の感受を滅したことによって、相のない心の統一に入ってとどまるとき、そのとき、彼の身体は健全なのである。」

（中村元『ゴータマ・ブッダ』より）

と、述べています。

つまりゴータマ・ブッダは、年老いて肉体的には衰弱してしまったが、精神的には決して衰えないというわけです。何と素晴らしい意識ではないでしょうか。だからこそ、ブッダの衰弱を目の当たりにして悲しむアーナンダに対して、

「やめよ、アーナンダよ。悲しむなかれ、嘆くなかれ。アーナンダよ。わたくしはかつてこのように説いたではないか、――すべての愛するもの、好むものからも別れ、離れ、異なるに至るということを。およそ生じ、存在し、つくられ、破壊されるべきものであるのに、それが破壊しな

いように、ということがどうしてありえようか。アーナンダよ。そのような理は存在しない。」

と諭したのです。

ゴータマ・ブッダは、最後に仏教の基本精神を「自らを拠り所とし、法を拠り所としてただ一人歩め」と言い残します。まさに「自分で悟りの道を歩め」というわけです。他に頼ることなく、一人歩めというわけです。

そして、

「スバッダよ。わたくしは二九歳で善を求めて出家した。わたくしは出家してから五〇年となった。わたくしは正理と法の領域のみ歩んできた。これ以外に『道の人』なるものは存在しない。」

これがブッダ最期の言葉です。

全てをなし終えたブッダは、アーナンダに看取られて静かに息を引き取ったのです。これがブッダの最期です。死を当然のこととして受け止めるブッダの態度には、仏教の究極の姿が象徴されています。

もちろん、このような超人的な（?）ことはブッダならではと言ってしまえばそれまでですが、しかし、仏教の理想がここにあり、仏教を信ずる人々その生き方を模範とすることは、当然のことと言えましょう。

2　老いや死を大切にした仏教

もちろん、仏教は常に死を見つめていたわけではありません。むしろ、インドにおいては「生きる」ことに真摯で積極的な宗教であった、ということすらできます。だからこそ、同時代のジャイナ教のように、完全な脱俗宗教を目指すこともなく、またヒンドゥー教の修行者のような身体を苛酷に責め苛む苦行・荒行や快楽主義も否定しました。一般に中道と言われる仏教のあり方は、まさに日常生活を意義あるものとして、悟りという理想に向かい真摯に送ることを意味しました。ですから、仏教と医療は深い関係にあったとされます。先にも指摘したように、仏教の開祖ゴータマ・ブッダは、生老病死に若い時から悩み、その悩みの解決のために出家に至ったという事で、その解決に様々な努力をし、教団としてもその方面の関心が高かったと言えるのです。

経典などにも、老いや病、さらには死というような日常の事象に対して深い憂いを心に抱き、陰鬱とした青年期を送ったということが説かれています。但し、ブッダは王子という立場上、単にこれらを恐れるのではなく、当時としては最高の医学の恩恵を受ける事のできる地位にあったし、またそのような知識を我が物にできる地位と才能も持ち合わせていたと言われています。というのも、ブッダの悟りを表す四聖諦つまり、苦諦、集諦、滅諦、道諦という考え方の道筋が、医学における患者の診察から、病状の把握、病の確定とその治療法の決定と丁度対応するというのです。仏教医学を提唱されておられる杉田暉道博士は「苦諦は患者の病状に、集諦は病気の原因を除去することに、道諦は治療方法にそれぞれ該当するのである。ブッダの医学的知識が相当に深かったことを考えれば、苦集滅道の四諦の考え方をまねているという説は大いに説得性がある」（前掲『やさしい仏教医学』）と述べられています。

ブッダの発想法は医学のそれと同じく極めて合理的であり、事に当たり冷静です。まさに人生の名医と呼ぶにふさわしい教えを残しています。

また、ブッダが教団を創設して以降、仏教教団には多くの志望者があったが、男ばかりの集団生活において最も心配されるのが、伝染病などの病気の蔓延であることから、仏教教団への参加には、厳しい心身の検査があり、それに合格しなければ、つまり心身ともに健康でなければ、サンガの一員となれなかった、と言われています。

杉田博士によればそこには「疾病は伝染するという思想がおぼろげながら存在した」（同三一頁）らしいのです。さらに博士は、ブッダが苦行で衰弱した身体を、ニランジャナー川で洗い清め、さらに少女スジャーターから布施され滋養のある乳粥を食べて心身ともに快復して、初めて瞑想により悟りを開いたという体験から「仏教教団内で修行する出家僧は、健康な心と身体の持ち主でないと、正しい修行ができないと、実感していたのである」（同三一頁）と推測されています。

確かに、仏教はインドにおける他の宗教者集団と異なり、心身の健康を非常に重視します。それは極端を廃したという思想、つまり中道という言葉で表現されるものですが、それは当時の世捨て人集団であるシュラマナ集団として確かに異例です。というのも、身体を純粋な精神（こころ）を束縛する、あるいは汚す肉体として軽視する思想が強いインドの宗教者は、断食やあらゆる種類の苦行を行い、肉体を傷つけました。また、肉体のみならず心の領域までも沈黙や過度の精神集中により過酷に苛み精神のバランスを破壊する行者も珍しくありませんでした。事実筆者も、インドではそのような苦行者に何度も会った事があります。彼は心身を大切にするというような日常的な発想を捨て去ったところに生活し、そのような理想を求めています。

しかし、ブッダはそのような極端な道をすてたのです。それが中道ということです。ですから仏教教団の成員は、宗教的な使命として心身を徒に粗末にしないという伝統をもっています。それは、必然的に仏教医学を生み出したということです。

杉田博士によれば仏教の医学的な記述は「律」や『金光明最勝王経』などには、沢山の病気とそれに対する治療法が述べられているといいます。但し、医学的な論理面の記述は少なく、それがために仏教医学の存在を疑問視するむきもあるといいます。しかし、杉田博士は、仏教医学は十分成立するとの意見をもっておられます（同三五頁）。

何れにしても、仏教教団は多くの僧侶の集まりであり、集団生活における生活規範は厳しいものだったと思われます。それが所謂「律蔵」ですが、その中には身辺を清潔に保つことや、病気にならないための心積もりなども説かれています。また出家僧の中には、医学の知識のあるものもおり、当時世界最高峰の文明を擁したインドの最高水準の医学が、仏教教団に持ち込まれ、生かされていた事は事実でした。

この様な高度なインド医療が仏教とともに、全世界に伝播したのでした。特に、中国を経由して日本にもたらされた仏教は、その文明力の高さによって人々を驚かせたのみならず、高度な医療や救貧活動によって人々に物心両面からの癒しと救いを与えました。その象徴が薬師信仰でした。薬師仏は病気を治す仏として崇拝されましたが、例えば法隆寺の創建時には、薬師如来が本尊とされましたし、薬師如来の名を冠する薬師寺は、天武天皇が皇后（後の持統天皇）の病気平癒のために薬師如来を本尊として建立したお寺でした。この薬師如来の持ち物は薬壺（ヤクコ）であり、「衆生の病苦を除き、安楽を与えるなど現世利益をもたらす仏」（岩波書店『仏教事典』）でした。この高度な仏教文明の一環として、仏教が日本人の心身にもたらした癒しと救いの根幹に、この仏教医療があったことは否定できないでしょう。

そこで、以下で日本における仏教者による癒しの歴史を杉田博士の著作を導きとして紹介しましょう。

3　最初期日本の医療と仏教

杉田博士が指摘するように仏教は「仏教に付随して、仏像およびその彫刻技術、実生活に役立つ実利的な知識、寺院およびその建築技術、天文暦法、医療知識・美術・音楽・衣装、その他芸術一般の知識など、東アジアの百科全書的な知識」として、日本にもたらされたのです（前掲『やさしい仏教医学』一二三六頁）。しかし、その仏教は中国型の仏教、つまり権力者のための招福攘災の呪術儀式やその豊富な「新しい博学的な知識で、王侯に富国強兵策を指導する」（同）というような仏教でもありました。つまり支配階級に奉仕するエリート宗教として仏教は日本に定着したのです。

それは、医療の面でも同様であり、仏教医学の知識を豊富にもつ僧の中には「僧医」と呼ばれる人も生まれました。江戸時代医者が僧形であったというのは、恐らくこのような伝統から来ているのではないか、と考えます。医療同様福祉面でも仏教は、その慈悲の思想や不殺生の思想などから孤児院や養老院のような施設を運用した事も知られています。

特に、聖徳太子が建立した四天王寺には施薬院・療病院・非田院・敬田院という四つの施設があり（四箇院）、その中で非田院は、現在の孤児院や養老院であったとされます。

もっとも、四天王寺を聖徳太子が建立した時代には四箇院は存在しなかったようですが、しかし太子の仏教への深い理解とその実践が、後の仏教福祉家たちの基礎を作りました、そのように認識されてきた理由であったことは、注目してよいようです（池田英俊ほか『日本仏教福祉概論』雄山閣出版、一二一―一六頁参照）。

聖徳太子によって深められた仏教という慈悲の教えの実践倫理は、前述のとおり行基（六六八―七四九）によって一層充実されました。行基は伝説によれば渡来系の父は高志才智、母は蜂田古爾比売と伝えられています。天武天皇の一一（六八二）年に、出家し、以後山林修行に打ち込んだといいます。すでに触れたように彼は私度僧であり、修行の傍ら民衆救済事業、具体的には葬儀や生活儀礼を行っていたと、考えられています。彼は市井の聖として活動していたのです。その行基が歴史に登場するのが養老元（七一七）年の詔で、それには行基が属する私度僧集団への非難が述べられていますが、この頃から行基たちは、かなり社会的な活動を行っていたようです。さらに『行基年表』には神亀年間（七二四―七二九）には、その活動は大きく飛躍し、さらに天平時代（七二九―七四八）に至るとその教団の活動は、宗教施設に限らず宮城洋一郎氏の研究によると「交通関係施設、道路、橋、船息、堀川、布施屋など。農耕関係施設・池、溝、樋など」（同一五頁）に及んだといいます。

このように行基は、現実生活においては人々の生活向上のための施設を国に替わって建設し、その生活レヴェルにおいて救済し、また民衆の葬儀も行い、路傍に投棄されている遺骸を懇ろに供養した。つまり、行基はこの世から来世に至るまでを仏教の救済思想の実践によって貫いたのです。その強力な信仰と行動力が、現実に多くの人々を救い、また魂の救済に大きな功績のあったことは、聖武天皇が彼に大仏建立への協力を求めたことからも明らかです。

　また、この東大寺の大仏の建造という事も、この荒魂の鎮め、あるいは救いという事と無関係ではないことは、すでに論じました。東大寺がある種の公共事業となり、人々の生活や救済にも関係し、現代流に言えば殖産興業、つまり技術革新にもなり、人々の生活向上に寄与したことは、事実ではないでしょうか。もちろん、一時的には財政を圧迫し、環境破壊をしたかもしれませんが、それはエジプトのピラミッドも同様です。問題は、あの巨大な金銅仏やそれを取り巻く極彩色の世界が、日本人の死の世界つまり『日本書紀』『古事記』に描かれた暗くじめじめしたまさに腐乱死体的な黄泉の国のイメージを、絢爛たる仏の世界のイメージに変えることに大きく寄与したのではないか、ということです。現在の宗教研究や歴史研究が、この点を余り評価していないのは、やはり精神文化研究においては問題があると思います。聖武天皇の皇后であった光明皇后（七〇一―七六〇）が、施薬院や非田院を作ったことは有名です。また光明皇后には、癩（ハンセン氏）病患者の膿を吸った話などが、伝えられています。

スリランカの津波阿弥陀
（津波犠牲者の鎮魂のために建立）

光明皇后は鑑真和上から東大寺で受戒し「則真」という戒名をいただくほどの仏教に熱心な方でした。その光明皇后が、仏教の慈悲の精神を形にしたのがこれらの救済事業でした。皇后の仕事は後に国家事業として本格的に展開されました。尤も、皇后がこのような救済事業に熱心になったのは、反対者を沢山排除しその怨霊を鎮めるためというような指摘もあります。もちろん、そのような祟り神の存在も含めて、民衆の魂の救いというわけです。

いずれにしてもこの時代の仏教は、単なる信仰の体系ではなくまさに生から死をトータルに救済する先進文明として機能していたのでした。

4　僧侶と社会福祉事業

このように仏教が文明として受け容れたことは、すでに検討しましたとおりです。例えば、唐から行く度もの遭難にも屈せず渡来した有名な鑑真和上は、その最初の航海においては僧のみならず各種の技術者など総勢一〇〇人を超える知的エリートを伴ったと言われています。残念ながら、彼らは遭難し、六度目の最終航海では、僧を含めて十数人になっていましたが、それでも医学や薬学の知識をもった鑑真和上以下僧侶や知識人が居たことが知られています。大陸からの渡来僧や留学僧に期待されていたのは、単に宗教としての仏教ではなく、それに伴う高度な文明であったのです。

ただ、高度で最新の知識を擁する僧の存在は、医療や薬学などにおいて大いに活動が期待されましたが、その恩恵に浴せたものの殆どは支配階級でした。そのようなエリートのための僧の存在は、徐々に民衆まで及ぶ事になりますが、いわば仏教精神による救済行に特に貢献したのは、何といっても弘法大師空海（七七四―八三五）でした。空海は密教の招来者として有名ですが、その一方で社会事業・教育・福祉の実践家としてもその功績は大です。

面白い事に、空海と並び称される最澄の社会事業実践の事跡が、殆ど無いのに比べ、空海の活動は非常に大きいものがあります。それは有名な満濃池の修復に象徴される土木事業から綜芸種智院の創設による庶民教育、さらには殖産興業にまで及ぶとされます。つまり空海もまた生活空間から宗教空間に至る全領域の救済を目指した仏教精神による救済者であったのです。

一方、空海と並び称される最澄は、民衆救済という面では、殆ど実践活動は行っていないのです。わずかに東山道の難所の両端に「広済広拯両院」を設けたことが伝えられているのみです。しかし、最澄は教育者としては国や地方を担う人材の育成に力を注ぎ、その結果比叡山からは、多くの優れた僧侶が輩出されたことは周知の事実です。但し、この教祖の性格は、後代にまで引き継がれて、総じて天台宗の僧侶からは優れた慈善事業の実践家は少なく、寧ろそれをなしたのは、戒律に厳しい旧仏教と呼ばれる奈良の僧侶たちであったことは、面白い歴史の皮肉というものでしょう。

両者の違いは、たとえて言えば奈良仏教の人々は生活苦を救うことで、最終的に魂の救済を目指し、比叡山出身の鎌倉仏教の始祖たちは魂の救いに重点を置いた、ということになるでしょう。

以下において両者の違いを簡単に整理してみましょう。

5　魂の救いか生活の救いか

現在とは異なり社会福祉が、十分普及していない古代から中世において、人々の救いは仏教教団に託されていました。その嚆矢は四天王寺でしたが、特に、常に民衆の側にあった聖僧、あるいは非官の遁世僧の存在が注目されます。しかし、彼らの存在は個々には明らかではありません。その点で、正規の教団組織から離れ自由な立場で、弱者の救済に努力した一連の遁世（聖）僧の代表的存在である奈良西大寺の叡尊とその弟子の忍性、そして同じ遁世僧でありながらその対極にあった法然について、検討しましょう。

叡尊（一二〇一―一二九〇）は、はじめ醍醐寺で出家し密教僧としてその経歴を始めるが、後に東大寺において自誓自戒し、菩薩僧になったと言われています（前掲『やさしい仏教医学』一六四頁）。いわば聖（遁世）僧となり、特に女人救済やらい患者、乞食、墓掘りというような非人と称せられ、社会から置き去りにされた人々を直接救済する事業に乗り出しました。杉田氏によれば正式

四天王寺の鳥居（廃仏でも古式は揺がなかった）

な僧侶には儀礼的な意味での制約が多く、特に有名寺院の僧たち（杉田氏は官僧と言う）は死の穢れを忌み嫌い、本来最も仏教における救いを必要とするこれら弱者に対して、宗教的な働きかけができなかったのです。そこで、叡尊は制約の多い正式な僧の身分を捨てて、一介の聖僧として直接民衆救済に乗り出しました。

彼は、事実上古代政権が崩壊し政府（朝廷）が行政能力を失った平安末期以降、政府の代役を務めたといってもいい働きを担っていました。彼らは天皇から貴族、地方領主さらには一般人からも勧進（寄付を集め）、橋を懸けたり道路を整備したり、灌漑池や用水の整備などと、政府の代わりに社会事業を行いました。その中に、非人の救済事業も含まれていたのです。

叡尊とその弟子忍性の非人救済事情は有名でした。例えば寛元二（一二四四）年には「今星野に仮宿をつくり文殊菩薩像を安置して供養を行い、非人（生活の苦しい一人暮らしの成人や孤児）千人に朝食と正午の食事を与えた」（同一七二頁）のでした。彼は西大寺を本拠地として正応三（一二九〇）年九〇歳で亡くなるまで、多くの人々の救済事情を行いました。特に、文永六（一二六九）年の非人供養では、六〇〇〇人にも及ぶ人々が恩恵にあずかったと言われています（同一七四頁）。

また、叡尊の弟子忍性はさらにその事業を拡大し、鎌倉を本拠地として活躍しました。例えば、七〇歳の時（弘安一〇年）、「療病所」を設置しここで一〇年にわたり治療を行い五万七二五〇人の患者を診、八〇パーセント以上人を回復させたといいます。また彼の事業は社会事業にも及び架橋一八九ヶ所、水田の開墾二二ヶ所、道路の改修七一ヶ所等々を行い「医王如来」と呼ばれ敬われたのでした（同一八三頁）。

ところがこの崇高な事業も、彼らの没後ほどなくして衰退してしまいます。その原因は、彼らの事業の大切さは当然ですが、その事業の遂行が個人的なカリスマ性に依拠しており、宗教的な教理面の整合性をもっていなかったことによると言われています（同一八六頁）。というのも、彼らは自らは聖僧として持戒堅固であり、教理面では民衆の参加は念頭にありませんでした。つまり、救う僧侶としての存在であり、一方的な救済者に終始したわけです。

その点で、法然や親鸞、さらには栄西や道元などの鎌倉の始祖たちは、自らも救われるものとして民衆の側に立つ聖僧であったのです。

6　仏教看護の祖良忠

民衆救済の教えの具体化ともいえるものが法然門下の良忠上人（一一九八―一二八七）です。彼は浄土宗の第三祖であり鎌倉に浄土宗を広めた人ですが、その一方で仏教的なターミナル・ケアの書として有名な『看病用心鈔』を執筆し、看護や死を迎える心得を説きました。

『看病用心鈔』は全体で一九章からなり、そこには念仏者としての看護の心得と極楽往生を願う病人の心得が具体的に描かれています。それを杉田氏の引用によって簡単に紹介しましょう。

同書では死を迎えた病人を対象としており、その記述はまさに現在のターミナ・ケアそのものなのです。同書では、家族から病人を離し、只管極楽往生を願わせることを勧めます。このように書くと冷たいように思われるかもしれませんが、それはいたずらな延命治療や未練を引き起こし、却って患者の苦痛を増大させることを避けているからとされます。もちろん、ですから家族との別れは十分に済ませた後のこと、という設定なのでしょう。

さらに、「病による苦痛を極楽往生のよい機会と考えて、一心に来迎を待つ心境に病人を」導くようにせよとも言っています（同二三一頁）。同書にはその他に用便の仕方なども具体的に描かれており、現在のターミナル・ケアにおいても十分参考になる点があります。

しかし、総じて強い信仰心、つまり念仏によって救われたいと願っている人々が対象の教えであり、その意味で現在人にはそのままでは用いられないかもしれません。ただ、以後の世界、つまり来世を希求することで死の恐怖を軽減し、少しでも楽に一生を終えられる手段として、このような教えが説かれたことは重要なことです。現在のように、死後の世界と医療が分出されると死にゆく当事者は、いたずらに生への執着やそれに伴う苦痛を引き延ばすだけで、魂の救済をどこからも得られないことになりかねないからです。

7　ホスピスとビハーラ

さて、近代以降の仏教は、廃仏毀釈などを通じてそれまで仏教が担っていた心身の救済事業の多くを失う事となりました。日本から異国の宗教である仏教を排除しようという現在のキリスト教やイスラーム教原理主義者のような過激な政策が明治政府により実行され、仏教式の葬儀はもちろん、供養やお盆のような年中行事まで否定され禁止された時期すらあったのです。当然ながら、仏教が担ってきた救貧・孤児や孤独老人の介護、さらには医療の提供というような社会事業も、国家事業として国の責任で行うようになり、結果として仏教の日本文化・社会に果たすべき役割は大きく減退したのです。

明治初期の仏教の弾圧は、結果的に失敗し仏教は明治八年頃から徐々に復興に向かいますが、すでに仏教を支えてきた各種の福祉事業遂行の余地は小さくなり、神道が忌避してきた「死穢」の領域、つまり葬儀に偏重する仏教、所謂「葬式仏教」と揶揄される仏教の形態で、今日に至っています。

しかし、基本的に神道には死の穢れを浄化する思想的なダイナミックさや体系性がなく、死穢の払拭は、仏教の力を借りねばならず、様々な矛盾を孕みつつ現代を迎えているのです。ただし、葬式仏教として定着した近代以降の仏教は、実際に死に向かう人々の魂の救いや鎮めといった、仏教が古代から担ってきた役割を再評価するまでに至っていないのです。

そのかわり、一九六〇年代以降アメリカなどで始められた「死学」（Thanatology）の影響を受けた「死教育」（Death Education）などを通じて、キリスト教系の人々が実際に魂の教育活動を行いました。戦後長らく死の問題が一種のタブー視されてきた日本社会も、一九七一年にキューブラ・ロス（Elisabeth Kubler Ross）の『死の瞬間』が翻訳され、また一九八〇年代には上智大学のA・デーケン氏による「死の教育」活動により日本でも死に備えるための教育が語られるようになりました。また、二〇〇〇年五月には麗澤大学出版会から中村元『中村元老いと死を語る』と題する故中村元博士の講演録が出版され、仏教の立場から生や死を考えることが本格的になされるようになりました。

特に、医療の高度化に伴い死に至るまでの期間が長くなったり、また癌などの延命治療の成功で、死に直面する期間が長くなった事も死に関する関心を高める事となったのです。

この死に直面する不治の病で死に直面した人々が、人生を振り返り、死を受け入れられるようにとの思想から、欧米で病院に作られたホスピスがキリスト教系の病院で普及することとなったのです。

その先鞭は、一九八四年に淀川キリスト教病院に日本初のホスピスを開設した大阪大学教授であった柏木哲夫（現大阪大学名誉教授）氏によって切られたのです。柏木氏はホスピス中のホスピスと呼ばれる「セント・クリストファー・ホスピス」の創始者シシリー・ソンダース（二〇〇五年没、享年八五歳）博士に直接教えを請い、日本で初めて本格的ホスピスを開いた医師です。そのキリスト教の信仰と高度な医学知識の基礎の上に、近代的なホスピスは産声を上げたのです。このソンダース博士は「彼女は末期患者の疼痛緩和に偉大なる新境地を開き、死に行く人の尊厳を守り、死の瞬間まで人間らしく生きる事を可能にした。〝死の顔を変えた女性〟」（柏木哲夫『ホスピス・緩和ケア』青海社、三二頁）と呼ばれるほど、ホスピスのあり方を劇的に変えた人です。そのソンダース博士の意思をついで淀川キリスト教病院にキリスト教精神を基としたホスピスが作られたのでした。

一方、キリスト教信仰になじまない一般的な日本人にキリスト教的なホスピスのあり方は限界があるとして、仏教的な伝統を基礎とするビハーラ運動が田宮仁（淑徳大学教授）氏らにより始められました。この運動は、やがて「仏教看護・ビハーラ学会」（藤腹明子会長）などの成立にまで発展しています。しかし、日本社会では生きる意味の探求や死に瀕した人々の精神の問題は、未だに宗教の領域から程遠いというのが現状のようです。

源信や良忠あるいは忍性を思い出すまでも無く、日本人の心を生から死、そして死から生へと結び付けてきた仏教の救いと癒しの機能と智慧に今一度、目を向けることは、重要なのではないでしょうか？

著者略歴

保坂　俊司（ほさか　しゅんじ）

1956年　群馬県渋川市出身
　　　　早稲田大学大学院文学研究科修了
現　在　中央大学大学院教授
　　　　麗澤大学国際経済学部非常勤講師
　　　　早稲田大学政治経済学部非常勤講師
　　　　財団法人東方研究会・東方学院講師
主　著　『シク教の教えと文化』平河出版社，1992
　　　　『インド中世思想研究』（前田専学編著）春秋社，1991
　　　　『人間の文化と宗教』（共著）北樹出版，1994
　　　　『人間の社会と宗教』（共著）北樹出版，1996
　　　　『イスラームとの対話』成文堂，2000
　　　　『仏教とヨーガ』東京書籍，2004
　　　　『インド仏教はなぜ亡んだのか』（改訂版）北樹出版，2004
　　　　ほか

癒しと鎮めと日本の宗教

2009年5月1日　初版第1刷発行

著　者　保　坂　俊　司
発行者　木　村　哲　也

・定価はカバーに表示　　　印刷　中央印刷／製本　新里製本

発行所　株式会社　北　樹　出　版

〒153-0061　東京都目黒区中目黒1-2-6
電話(03)3715-1525(代表)　FAX(03)5720-1488

© Shunji Hosaka 2009, printed in Japan

ISBN 978-4-7793-0172-8

（落丁・乱丁の場合はお取り替えします）

湯田　豊　著

宗教とは何か

新しい人間性を求めて

従来の伝統宗教、組織宗教を批判し、新しい人間性と人生の価値および意味をさぐるべく、哲学としても十分に通用する宗教のあり方を平易に説く。宗教理解の現代におけるアプローチのあり方を示唆する。

四六上製　202頁　1553円（254-4）　[1985]

田中かの子　著

比較宗教学

「いのち」の探究

人類は「いのち」をいかに尊んできたのか。世界の諸宗教にその軌跡をたどりながら味読できる明快な文体。心理学や哲学などの視点からも語る、独創的な章構成。一覧表、図版・聖句の解説、年表、註、索引を満載。

Ａ５上製　248頁　3100円（950-2）　[2004]

保坂俊司　著

イスラム原理主義・テロリズムと日本の対応

宗教音痴日本の迷走

国際社会の動向は宗教を軸に回り始め、特にイスラムの台頭は欧米勢力が構築した近代文明の修正を迫っている。宗教が表舞台に出た現在にあって、日本の宗教的思考停止状態と取るべき行動の指針を探る。

四六上製　234頁　2200円（967-0）　[2004]

保坂俊司　著

インド仏教はなぜ亡んだのか

イスラム史料からの考察　[改訂版]

なぜ仏教はインドで衰亡してしまったのか、なぜ、この問題が世界で日本で真剣に検討されなかったか、これらの問いに対して初めて真正面から取り組み、多岐にわたる新しい視点と史料をもって論究する。

四六上製　208頁　2100円（912-3）　[2004]

金子善光　著

神道事始め

神道を事象としてありのままに観察することをめざし、神社や祝詞、天照大御神、禊と祓などのほか山を想う、森の話、神前結婚式や拝礼の儀法といった項目も含め、48テーマからわかりやすく解説する。

四六上製　284頁　3000円（669-8）　[1998]

阿部慈園　編著

比較宗教思想論　II

中国・韓国・日本

中国・朝鮮半島及び日本の宗教・思想・哲学の接点と固有の特徴を、通時的かつ共時的に平易に解説。さらには文化・芸術へも論を広げ、宗教思想を幅広い観点からとらえる。多角的視野の身につく入門書。

四六上製　325頁　2700円（620-5）　[1997]

保坂俊司・頼住光子・新免光比呂・佐藤貢悦　著

人間の文化と宗教　[増補版]

〈比較宗教への途　1〉

イデオロギーの終焉、グローバル化による異文化接触は文化の根底をなす宗教の存在をクローズ・アップした。本書は時代を読み解く鍵である宗教について、比較思想的な観点から多面的な考察を加える。

Ａ５上製　246頁　2800円（766-X）　[2000]

保坂俊司・頼住光子・新免光比呂　著

人間の社会と宗教

〈比較宗教への途　2〉

近代以降の日本社会に欠落した宗教と社会の関連性を比較宗教学という視点から広範囲に把握・検討して、現代日本社会の抱えるさまざまな問題への処方箋的ヒントを具体的・平明にまとめ上げた斬新な好概説書。

Ａ５上製　240頁　2600円（688-4）　[1998]

頼住光子・吉村均・新免光比呂・保坂俊司　著

人間の文化と神秘主義

〈比較宗教への途　3〉

近代文明の様々な問題点が交錯し、日常性を越える超常体験に対する関心が高まっている現代の重要な文化現象として注目される神秘主義を取り上げ、その本質と現象形態を比較宗教学的視座から多角的に捉え解明。

Ａ５上製　228頁　2700円（985-9）　[2005]